気づいたら
「うまくいっている！」
目からウロコの
学級経営 山田洋一著

黎明書房

# はじめに

　若い頃，先輩の教師に言われたことがあります。

「山田さんは技術はあるけれど，それを活かせていないよな」

　私は，内心かなり頭にきました。

　それは，まったく的外れなことを指摘されたわけではなかったからです。

　むしろ，心中の悩みを射貫かれた思いでした。

　当時の私は，教育雑誌を毎月7冊定期購読し，月に2万円分の本を読んでいました。

　また，有名な講師が来るといえば往復5時間かけて他市町村へも出かけていったのです。

　もちろん，学級が崩壊していたわけでもなく，授業が滞っていたわけでもありません（と思います）。

　ところが，他の学級と比べると子どもたちの姿は何か違う気がしました。

　また，衝撃的だったのはある授業を参観したときでした。

　その学級は当時私が担任していた5年生と同じ5年生。

　担任教師は，ちょっと背が高い男性でした。

　授業開始第一声は，次のような言葉でした。

「今日は自動車生産の学習なんだけど……」

　私は内心思いました。

「視線に力がない」

「声に張りがない」

「ぼそぼそした話し方」

「『なんだけど……』ってなんだ！」

「姿勢が悪い」

「視線を全体に配っていない」

鼻っ柱の強い若い教師は，この中堅教師を軽蔑して，心中で批判をしていました。

私は，その教室を離れようと思いました。

その教師からはなにも学ぶことがないと思ったのです。

ところが，次の瞬間，子どもたちが一斉に手を挙げたのです。

私には，何が起きたのか理解できませんでした。

まだ教師は，「今日は自動車生産の学習なんだけど……」としか言っていないのですから。

それは，発問でもなければ，指示でもありません。

私は息をのんで，その教室の様子を凝視しました。

ある子が立って話します。

「いまＳ社の国語辞典を調べたら『自動車，○○○』と書いてあって，自分の力で動く車のことで，その動力はエンジン，燃料はガソリンだとわかりました」

また，違う子が話します。

「ぼくは，Ｉ社の国語辞典を引いたら，『生産』ていうのは……」

こうして，６人の子どもたちが発表を続けました。

その後，ようやく教師は１枚の写真を黒板に貼り，一つ目の発問をしました。

その後の子どもたちも，少ない教師の働きかけで発言し続け，発言をつないでいきました。

私は，そのとき，自分が教育技術というものを勘違いしていることに気づいたのです。

教師が教育技術を身につけることによって，良い学級経営，良い授業をすれば，子どもたちは自然と育っていくもの。

そう考えていました。

しかし，それは完全にとまでは言いませんが，かなり間違っていました。

はじめに

　いくら優れた教育技術を持っていても，それをなぜ，そのタイミングで行うかを意識し，その子どものパーソナリティーやその場のシチュエーションに合致していなければ，子どもは育たないのです。

　子どもへの愛情を前提として，諸々の教育技術の意義を理解し，時機を得て実行することによってのみ，子どもたちを成長させることができるのです。人を育てるには，「啐啄同機」が大事なのでした。

　「山田さんは技術はあるけれど，それを活かせていないよな」

　私は，まさに子どもたちの状況に応じて，最適な方法を用いて指導ができない教師だったのです。

　本書では，単に指導のコツやアイディアを述べるだけではなく，教育技術について，「なぜ，いま，それをするのか」がわかるように書きました。

　教室や子どもの状況，また読者自身のキャラクターによってカスタマイズして利用してもらえることを望んでいます。

　　平成 29 年霜月

　　　　　　　　　　　　　　　　　　　　　筆者記す

# 目 次

はじめに　1

## 第1章 目からウロコの心構え

① 伸び続ける教師になるには　10

② 見られている自分を意識する　12

③ 子どもの1年後をイメージする　14

④ 行事運営は「上」から考える　16

⑤ 学期をいくつかに分けて考える　18

⑥ 大事なことがわかるには時間差がある　20

⑦ 適切なアドバイスのもらい方　22

⑧ 自分のキャラクターを知る　24

⑨ 指導の適時性を知る　26

⑩ 絶対的方法はない　28

**コラム1**　動画撮影で授業リフレクションを　30

# 第2章
# 目からウロコの指導術1

① 一人ひとりとつながる学級びらきをする　32

② 先に縦糸を張り，あとから横糸を通す　34

③ 縦糸を張りすぎない　36

④ 評価者―被評価者の関係をつくる　38

⑤ 縦糸を通すには，まず明確な「指示」を出す　40

⑥ 縦糸5原則を意識する　42

⑦ 横糸5原則を意識する　44

⑧ 言ったことは貫く　46

⑨ 体験的に教えて実感させる　48

⑩ 4象限で局面指導を考える　50

⑪ 子どもの論理で授業をする　52


**コラム2**　生徒指導は瞬間ではなく文脈を意識して　54

# 第3章
# 目からウロコの指導術2

① 先行指示と矛盾しない追加指示をする　56

② 言ったことは確認する　58

③ 重要なルールはもらさず言う　60

④ 途中導入は，即時徹底させる　62

⑤ 子どもが運営できるシステムをつくる　64

⑥ 給食時間を安定させる　66

⑦ 見せてから動かす　68

⑧ 質問の指導をする　70

⑨ 指導は緊張と緩和を繰り返す　72

⑩ 「なりたい」「やりたい」を実現させる　74

⑪ 「良好な間接関係」を結ぶ　76

**コラム3**　その子にとって何が重要かを考える　78

目　次

# 第4章　目からウロコのリアクション術

① 子どもはその子の「もの」から見る　80

② 判断に困ったら猶予をもらう　82

③ ポジティブなスキーマを持つ　84

④ 短く全員とつながる　86

⑤ 「知らない私」になる　88

⑥ 「動き終わり」も意識する　90

⑦ 説教ではなく，「仕切り直し」をする　92

⑧ 個々に評価する　94

⑨ プラスαができている子を見つける　96

⑩ 子どもとの回路を開いておく　98

⑪ ウマが合わない子への視点を変える　100

⑫ 注目する行動を変える　102

⑬ ノンバーバルで反応する　104

⑭ 叱った後の「間」を大事にする　106

⑮ 子どもの立場に立って考える　108

⑯ 許容されることに置き換える　110

⑰ 「あとほめ」する　112

**コラム4**　ふり返りの意義と実際　114

7

# 第5章
## 目からウロコの対話指導術

① 話す前に聞き方を指導する　116

② 話すことは短い時間からはじめる　118

③ 深い質問の仕方を教える　120

④ 簡単なことをたくさん話す指導をする　122

⑤ 話せなくても対話できることを教える　124

⑥ 公的意識を教える　126

⑦ いきなり対話させない　128

⑧ ストロークを増やす　130

⑨ 子どもの姿からアプローチを考える　132

⑩ ペアからグループへと移行する　134

⑪ 日常的に「ほめ合い」を行う　136

⑫ 話すことの指導は，聞き手に注目する　138

⑬ ふり返りで主体性を高める　140


おわりに　142

# 第1章
# 目からウロコの心構え

# 1 伸び続ける教師になるには

> 　教員不足や難しい教育現場を考えると，たしかに若い教師には現場に出てすぐ使える力が必要かもしれません。
>
> 　しかし，教師人生は長いのです。はじめの数年，良い仕事ができただけで燃え尽きてはいけません。
>
> 　では，継続的に学び，伸び続ける教師とはどのような人なのでしょうか。

## ▌ 技術が先か，理念が先か

　若い教師が持っている方が良いのは，教育技術なのでしょうか。それとも適切な教育理念なのでしょうか。

　もちろん，両方をバランス良く持っていることが理想です。しかし，実際にはそうはなっていない場合が多いようです。

　教育技術を多く持っている若い教師は，子どもを動かす技に長けています。ですから，教育という営為を簡単に考えてしまうことが多いようです。そして，そのしっぺ返しを必ず受けるものです。

　一方，教育理念をしっかり持っているが，技術が不足している教師もいます。こうした教師は，人柄も良く，子どもを強く愛している場合が多いです。しかし，それが子どもにはなかなか伝わらないうえに，子どもを動かす技量も低い。徐々に学級は荒れていきます。そこで，技術の大切さに気づくようです。

　このどちらも悪くはありません。成長タイプの違いなのです。

10

## ▋ 伸び続ける教師の心構えは？

　どちらの成長タイプを持つ教師も，最終的には教師として大成することができます。しかし，自分の成長タイプを意識したうえで，しっかりとした心構えを持つ必要があります。

　その心構えとはどのようなものでしょうか。わかりやすく喩えで考えてみましょう。

　「伸びない教師」と「流行らないラーメン屋」の共通点は何でしょう。「人の授業を見ない・他店のラーメンを食べない」「自分の教え方（味）が正しいと思っている」「子ども（客）の意見を聞かない」……。こんなことが思い浮かぶでしょうか。

　伸び続ける教師の心構えとは，「聞く耳」を持ち，他の教師，なにより子どもの姿から学べるかどうかということでしょう。

　偏った頑固さは自分の成長を止めてしまいます。

聞かない教師は伸びない教師

> **ポイント**
> ・技術先行でも理念先行でも良し！
> ・偏った頑固さは自分の成長を止める。

# ② 見られている自分を意識する

子どもたちの前に立っただけで，その教師の力量はわかるものです。ある教師は，立っただけで子どもたちに侵しがたい威厳を感じさせます。また，温かみや慈愛を感じさせる教師もいます。しかし，残念なことにそれとは反対のことを感じさせてしまう教師もいます。

そもそもこれは何の違いなのでしょう。

## ▍▍▍ 最低限の信頼を得る努力をする

新卒のある教師。はじめて持つ学級担任。4月6日の始業式の日。教室で子どもたちの前にはじめて立ちます。

どうもサイズがあっていないスーツ。ボサボサの髪の毛。この段階で，実はアウトです。ちょっとしたことです。寝癖は大丈夫か。ネクタイは曲がっていないか。ワイシャツの袖丈があっているか。ズボンの折り目はしっかり入っているか。肩にふけは乗っていないか。これを鏡の前に立って，確認すべきなのです。

その程度の努力ができない教師が，どうして1年間40人の子どもたちの指導ができるのでしょうか。

そのうえ，口から出る言葉は「はじめて担任を持つのでいろいろ教えてください」です。「教えるのは，あなたの仕事です」と子どもたちは思うでしょう。

最低限度の信頼を獲得する努力を教師はすべきです。

第1章　目からウロコの心構え

## ⦆ 振る舞いを見られている

　始業式の場面です。校長から，学級担任の発表が行われます。
「6年1組，山田洋一先生！」
　ある教師は，ピースをしながら「イエーイ！　よろしく！」とにっこり笑って列の前に出ます。
　ある教師は，その場で凜とした声で「はいっ！」と返事をして，子どもたちの列の前に立ち，少し微笑んで「よろしくお願いします」と言って，子どもたちを見渡しました。
　もちろん，どちらでも今後の学級経営を成立させられる教師はいるでしょう。しかし，前者の教師はこの場面でリスクを背負ったと言えます。1年間の方針をしっかりと伝えなければならない段階に，友だちのように振る舞ったのでは，毅然とした指導はしにくくなることでしょう。「どう見えるか」を意識しない教師は学級経営を成立させにくいのです。

どう見えるかを意識する

### ポイント

・信頼は努力して得られるもの。
・「どう見えるか」を意識して，振る舞う。

## 3 子どもの1年後をイメージする

たとえ素晴らしい教育技術を持ち，素晴らしい授業を毎時間繰り返したとしても，学級は良くなりませんし，子どもたちは育つものではありません。一方，教師の教育技術は今ひとつなのに，子どもたちがよく育ち，まとまっている学級にも出合うことがあります。

教師の何が違うのでしょう。

### ▥ 完成像を持つ

設計図も青写真もないままに家を建てる人はいません。

たしかに，それらがなくても家は建てられるのかもしれません。

しかし，そうして建てられた家は果たして機能的で，かつ美しいものになるでしょうか。

少し建てては「そう言えば，ここにこんなものがあればいい」などとにわかに思い，それを実現する。また，それをつくっている最中に，また別のアイディアが……。

そうして建てる方法は，芸術的ではあるかもしれませんが現実的ではありません。思いつきで建てていますから，姿はいびつになるはずですし，第一，いつまでにできるのかも曖昧です。

学級経営も同様です。あらかじめ3月の修了式の完成像をイメージして，途中の指導を計画しなければ，子ども間の成長差が大きかったり，バランスの悪い成長をしたりするものです。

第1章 目からウロコの心構え

## 1年後を具体的にイメージする

　1年後の子どもの姿は，どのようなものでしょうか。こうしたとき，ベテランは少し有利です。過去に持った同学年の姿がすぐに思い浮かぶからです。

　経験年数の少ない教師は，やや不利です。肌の実感として子どもたちの1年後がイメージできないからです。

　「朝，教師に会ったときの姿」「子どもたち同士のあいさつの様子」「朝，学習準備するときの姿」「朝学習に取り組む姿」「始業あいさつの姿」……。あげればきりがありません。これらをどれだけ具体的に思い浮かべられるかが，重要です。

　そのイメージがわきづらい場合は，一つ上の学年を参観させてもらうと良いでしょう。このとき，教師だけではなく子どもたちも連れて行くと，1年後のイメージが子どもたちと共有しやすくなります。

1学年上の教室を参観する

### ポイント
・あらかじめ3月の修了式の姿をイメージする。
・1学年上の教室を参観する。

## 4 行事運営は「上」から考える

　運動会が近くなると，学年の教師の間で交わされる会話があります。「ねえ，今年は，なにやる？」「去年は，○○で」「一昨年は□□だったよね？」「じゃあ，△△で種目はいいんじゃない？」「いいねえ」こうして，指導に大きな時間を割く運動会の種目は決定されています。

　本当に，これで良いのでしょうか。

### ▌▌▌ 上から発想する

　まず確認したいことは，勤務校の「教育目標」です。空で案じられるでしょうか。これが意外と言えません。しかし，私たちの日常指導の1分1秒は，これを指針として実は行われていなければならないのです。

　それでは，校長から年度はじめに発表された「経営の重点」はいくつあって，それぞれ内容はどのようなものでしたか。

　次に，その具現のために作成された，「学年経営案」の「学年の指導目標」「重点目標」はなんでしたか？

　同様に「学級経営案」にあなた自身が書き込んだ，「目標」や「重点指導目標」はどのようなものでしたか。

　これらは，飾りでも，お題目でもありません。これらの具現のために行事指導はあるのですから，当然行事指導に当たっては，これらの点の全てを留意しなければなりません。

第1章　目からウロコの心構え

## ⅠⅠⅠ 学年で「具体化」する

　大きな行事が近づいてきたら、学年でこんな話をしてみましょう。

　「うちの学校の教育目標って、『やさしい子・かしこい子・つよい子』だけど、これって運動会とどうつながってるんだろうね？」

　「運動会で、『やさしい子』って、どんなイメージ？」

　「やり方がわからなくて、困っている子がいたら、教えてあげられる」

　「怪我した子や失敗した子を、フォローできるとか」

　「そういうことだよねえ」

　「じゃあ、『かしこい子』は？」……

　「意識して指導する」などと言っても、机上の空論になりがちです。具体的な子ども像を学年で語り合いながらイメージしていきます。

　そして、それらのことは必ず紙に書いて記録します。指導の所々で、子どもたちがどの程度具現できているかを、評価するために。

> **ポイント**
> ・学校教育目標→経営の重点→学年経営目標→学級経営目標。
> ・学年で子ども像を共有する。

17

# 5 学期をいくつかに分けて考える

> 4月，教師はたいへんやる気があります。学級経営上の様々な工夫や仕掛けの多くも，この時期に行われます。一般に，子どもたちが大きく変わるのも，この時期です。しかし，6月の声が聞こえる頃，学級経営は失速をはじめます。モチベーションには必ず浮き沈みがあるのです。
> どうすれば，それを防ぐことができるでしょうか。

## ▌▌▌ 教師の好不調に子どもは合わせてくれない

　4月にはモチベーションが高くなっている。しかし，6月くらいにはそれはダウンする。

　学級経営にも，授業にもなんとなく力が入らない。そして，息も絶え絶えに夏休みに突入する。

　こんなことは，実は当然のことで，誰にでも起きることです。職員室の元気なあの先生やこの先生。力のある教師も陥っていることなのです。しかし，そうした教師の好不調に子どもたちは合わせてはくれません。

　では，どうしたらよいのでしょうか。

　一つは，あなたが不調なときも学級が動いていくようなシステムをつくることです。

　そして，もう一つは「この時期には，これをする」と，教師の行動をあらかじめ明確にしておくことです。

第1章　目からウロコの心構え

## ▌▌ 区切って，中短期の目標を持つ

　例えば，1学期を下表のように分節化します。モチベーションが下がっても，学級を安定して動かし，子どもを伸ばし続けるには，やるべきことが目に見えていることが大事です。その時期に教師が行うべき最低限度のことを，自分で決めておくことです。

　また，一方でこんなことも言えます。モチベーションが高い時期は，教師の感度が上がっていますから，一つひとつの教育行為をなんのために行っているのかを，割と意識しているものです。

　一方，モチベーションが下がっているときには，「仕事をこなす」という状態に陥っています。そこで，下のように時期を区切って，その時期がいったい1年のなかでどんな性格をもった時期になるのかを書いておくことです。そのことで，一つひとつの教育行為を何のためにするのかを意識することができます。

| 4／6 | 出会い　期待を持たせる |
|---|---|
| 4／7〜9 | 学級仕組みづくり（日直，当番，朝の会，帰りの会，家庭学習）**安心して生活できる** |
| 4／11〜25 | 授業ルールづくり（ノート，発表，ペア，グループ活動）**力をつけるためのルール定着** |
| 5／7〜14 | 学級経営見直し（仕組みの見直し，生活リズムを戻す，学級目標導入）**自分で自分の生活を管理** |
| 5／16〜23 | 運動会学習導入　**意欲を持つ** |
| 5／26〜6／10 | 運動会集団づくり　**団結する喜び** |
| 6／14 | 運動会ふり返り　……　**学びの自覚，集団意識** |

### ポイント

・不調なときも学級が動いていくようなシステムをつくる。

・1年を分節化し，何のための教育行為なのかを意識する。

19

# 6 大事なことがわかるには時間差がある

うまく対応ができない子どもがいる。職員室の人間関係がつらい。どうして，あの人はわかってくれないのだろう。どうして，あの子は変わってくれないのだろう。つい，こう思ってしまいます。そして，ままならない相手にイライラしてしまうこともあります。

どのようにして心を整えれば良いのでしょうか。

### ▌▌▌ まずは自分自身の来歴を振り返る

「どうしてこの子はわかってくれないのだろう？」

「なぜ，あの人は，あんなことを言うのだろう？」

こんな思いにとらわれたら，まずは自分自身の過去を振り返ってみましょう。

1ヵ月前，3ヵ月前，半年前，1年前，3年前，5年前……。

自分の仕事ぶりはどうだったでしょう？

もしも，具体的にイメージできなければ，仕事上の成果物を改めて見てみましょう。

以前に自分がつくった指導案。以前に書いた学級通信。そういったものを読み返してみましょう。それらを見て，きっとこうつぶやくでしょう。「頑張っているけれど，拙いなあ」

そうです。自分自身も以前は，物事をよくわかっていない拙い教師，未成熟な人間だったのです。

20

第1章　目からウロコの心構え

## Ⅲ わかり合うには時間も必要

　手を焼いた子どもたちが，卒業後何年かして尋ねてきます。そして，こんなことを言います。

　「先生，あのときは色々迷惑をかけましたね」「先生，あのとき○○したの楽しかったよね」

　こうした話は，私自身の経験にもありますし，多くの教師からも聞くところです。こちらとしては，以前の自分の拙さに腹立たしさを覚え，その子との関係を心苦しく思っているわけです。しかし，子どもたちは過去のことを肯定的にとらえてくれているようです。

　また，関係がうまくいっていなかった同僚からも，数年してから「やっぱり，あのときはあなたの言っていることが正しかったな」と言われることはあるものです。今はわかり合えなくても，やがてわかり合えることを信じるということも，あって良いのでしょう。

誰もがはじめは拙い教師

**ポイント**
・自分も以前は拙かった。
・わかり合えることを信じて，時を待つ。

21

# 7 適切なアドバイスのもらい方

落ち着かなくなってきた自分自身のクラス。ベテラン教師に，その原因を尋ねてみました。すると，「先生，優しすぎるんだよ」と言われました。そこで，次の日から，子どもたちに厳しく対応しました。ところが，かえって子どもたちは落ち着かなくなりました。

この原因はなんなのでしょう。

### ■ アドバイスの前提は？

まず，このベテラン教師が言った「優しすぎるんだよ」というアドバイスには，どのような前提があるのでしょうか。あなたの指導を見て言っているのでしょうか。それとも，普段のあなたの雰囲気から，そう判断したのでしょうか。

また，「優しすぎる」とはどういうことなのでしょうか。厳しくしなければいけない場面で，そうしていないという意味なのでしょうか？それとも，「なめられている」と指摘しているのでしょうか。また，「優しすぎる」とは，だれと比べて言っているのでしょうか。

一方，こうしたアドバイスを聞いたうえでの，あなたの解釈はどのようなものであったでしょうか。例えば，どの場面で，どの程度，どんなふうに「厳しく」しようと考えたのでしょうか。

前提について無自覚であったり，状況に対して方法が合致していないと，せっかくのアドバイスも無意味になってしまいます。

## Ⅲ アドバイスの尋ね方

　アドバイスを同僚からもらう際には，できるだけ具体的に状況を語りましょう。

　第一に重要なのは，5W1Hをはっきりさせて話すことです。具体的場面に応じて語らないと，印象でアドバイスをもらい，さらにそれを印象で解釈して誤った「指導改善」をしてしまうことになります。

　第二に，普段の指導の様子もしっかりと伝えることです。指導において重要なことは関係性です。子どもたちとあなたとの関係性によって，当然指導方法は変わってきます。

　第三に，「先生ならどうされますか」よりも，「私ができることには，何がありますか」と尋ねることです。同僚が使いこなせる教育技術と，あなたのそれは違うのです。適切なアドバイスを引き出し，それを生かすには尋ね方が大切です。

### ポイント
・アドバイスは状況に合致していることが大事。
・有効なアドバイスを引き出すには尋ね方がある。

# 8 自分のキャラクターを知る

　父親のように厳格に子どもに接する教師がいます。その教師に指導されると，子どもは素直に非を認め反省しているように見えます。一方で，普段微笑んでいて怖いわけでもないのに，その教師が話すと，子どもの行動がぐんと変わるという場合もあります。

　この違いの意味は，いったいどのようなことなのでしょう。

## ▌▌ 教育技術はキャラクターに依存する

　教師のタイプは，主に三つあります。厳格な「父性タイプ」，受容的な「母性タイプ」，フラットな関係をつくる「友性タイプ」です。

　父性タイプは，大柄であったり，立っているだけで「怖い」タイプです。母性タイプは，微笑みを絶やさず，柔らかな雰囲気を持っています。友性タイプは，子どもとの距離が近く，よく話しかけられ，相談もよく受けます。こうした違ったタイプの教師たちが，それぞれに使いこなせる技術，逆に使ってはいけない方法があるのは，簡単に想像ができるところでしょう。

　教師は，いつも「正しい指導方法」ばかりを探しています。しかし，実際には「正しい指導方法」などなく，自分に合った指導方法があるだけなのです。ですから，指導方法研究と同時にしなければならないのは，自分がどのタイプであるのかという「自分研究」なのです。

24

第1章 目からウロコの心構え

## ❚❚❚ 叱り方もキャラクターによる

　父性タイプの教師が叱るときに，やってはいけないのは「激しく感情をむき出しにして叱る」ということです。これでは子どもは追い込まれてしまいます。静かに「間違ってるんじゃないか」と言えば，それで良いのです。母性タイプの教師が，絶対やってはいけないのは「ヒステリックに責め立てる」という叱り方です。少し微笑みながら「あなたのことが心配だよ」と伝えれば，子どもは「この先生に迷惑をかけちゃいけないな」と思います。最後に，友性教師は，割と感情を率直に伝え，厳しく叱っても普段の関係性があるので，子どもは指導を受け入れてくれます。

　ほめることで子どもとの関係性が崩れることはまずありません。関係性がおかしくなるきっかけは，ほぼこの叱る場面です。まずは，自分のキャラクターを知って叱ることが大切なのです。

自身のキャラクターによって叱り方は違う

> **ポイント**
> ・指導方法研究と同時に，「自分研究」を。
> ・関係性がおかしくなるきっかけは，叱る場面。

25

# 9 指導の適時性を知る

「黄金の3日間」（向山洋一氏），「3・7・30の法則」（野中信行氏）など，指導時期と指導内容に関する教育格言はたくさんあります。特に初期指導の重要性は繰り返し，主張されています。

しかし，初期指導はそもそもなぜ重要なのでしょうか。

## ||| 教師勢力の変化

教師の子どもたちに対する影響力を「教師勢力」と言います。この教師勢力は，日がたつごとに弱くなっていきます。

簡単に言えば，4月6日に始業式があり，そこが「100」の影響力があるとすれば，そこから「99，98，97……」のようにどんどん弱まっていくということです。

逆の言い方をすれば，最初に指導したことは子どもたちに浸透しやすいということです。また，その後も長く定着をしているということも言えます。

ですから，学級生活を送るうえで基礎となるような事柄は，まずできるだけ初期に指導することが望ましいと言えます。

学級が動いていく基礎的な係，当番，日直などの役割に関してはこの時期にしっかりと定着させることが重要です。この時期を逃したら，まず定着には3倍の時間がかかるとキモに銘じましょう。

第1章　目からウロコの心構え

## III 子ども集団の教育力を高める

　教師勢力が徐々に弱まる一方で，高まっていくものはなんでしょうか。
　それは，子ども集団の教育力です。つまり子どもたち同士で，好影響を与え合いながら，学級を自治的に運営していく力が高まるわけです。ですから，教師はそのことを見通して，子どもたちが「自分たちで自分たちの生活を治められる」ように育てていかなければならないのです。
　それを，いつまでも教師勢力を発揮したままにしていたり，あるいは，権限を子どもたちに委譲していくことを想定していない学級経営はいけません。
　それは，教師の自己実現にはかなっているかもしれませんが，子どもたちの自己実現にはなっていないのです。

自治的集団へ移行

**ポイント**
・初期には学級経営の基礎づくり。
・教師の権限を徐々に委譲していく。

# 10 絶対的方法はない

　世のなかには，学級経営の本があふれています。また，どの本を読んでも，成功しそうな方法が満載です。しかし，よく考えてみましょう。では，どうして世のなかからはうまくいかない学級がなくならないのでしょうか。

　その方法を使えば，うまくいかない学級なんて，世のなかからなくなるのではないでしょうか。

## ||| 方法だけでは良くならない

　ある方法を身につけ，子どもたちにその方法で指導する。そうすれば，ある種の効果が表れる。つまり，「方法A」をすれば「結果A」が得られると考える。

　これは，端的に言うと間違いです。子どもたちへの指導はこんなに単純ではありません。

　そこに，子どもという「状況」があるからです。子どもは毎日，毎時間違います。「そのときの子ども」に合致した方法は，その都度違うのです。

　もちろん，指導の原理・原則というのはあります。それに，少ない指導方法しか知らないより，より多くの指導方法のバリエーションを持っている方が良いに決まっています。

　しかし，それらは状況に合致して，はじめて効果をあげるものなのです。

## Ⅲ 集団の状況に合わせて指導を移行する

「タックスマンモデル」という集団に関する理論があります。
　チーム（集団）の状況は，次の5段階で移行するというのです。
①「形成期」→メンバーが自分の立ち位置，役割などを模索する。
②「混乱期」→意見が対立する。
③「統一期」→行動規範が確立。他者受容，目標，役割が自覚される。
④「機能期」→結束力と一体感が生まれて，集団が機能する。
⑤「散会期」→集団を解散する。

　こうした段階に合わせて，リーダーはそれぞれ「教示的」「説得的」「参加的」「委任的」に関わることが大切だと説かれています。

　こうした段階を知ると，教室が一次混乱しているかのように見えることも成長のための一過程と思えます。また，そのときの集団によって段階が異なるので，状況に合わせた指導が必要だと言えます。

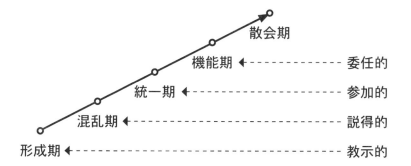

> ポイント
> ・指導方法は，状況に合致しているとき効果をあげる。
> ・集団の状況に合わせた指導をする。

**コラム1**

# 動画撮影で授業リフレクションを

◆人の授業のアラはよく見えます。「傍目八目<sub>おかめはちもく</sub>」と言われる現象です。

　ところが，自分のアラには気づきにくいものです。自分の授業を自分で見ることができないからです。

　もしも，自分自身の目で，自分の授業を見ることができれば，とてもたくさんのことに気づけるはずです。幸い今なら簡単にできることです。

　学校にあるビデオカメラでも良いですし，データの取り扱いさえしっかりすれば，スマートフォンですぐに録画することもできます。

　こうして撮影した動画を見て授業リフレクション（省察）を行います。

　ポイントの一つは，教師自身の動きです。

　・全体に指示をしているときは，黒板前中央に立っているか。

　・表情は豊かか。

　・必要以上に体を動かしていないか。

　・机間巡視の経路はどうか。

　・全体に視線を配っているか。

　ポイントの二つ目は，子どもたちの様子です。特に教師が休み時間などに関わりの少ない子どもは，どのように学んでいるのか注意します。教師に気づかれないけれど，努力を積み重ねている子が学級にはたくさんいるはずです。そうした子どもたちに着目して，次の日に声をかけてあげましょう。

　続いて子どもたちの活動の取りかかりが遅かった場面がなかったかを確認しましょう。これには，あなたの発問，指示，説明の癖が起因している可能性があり，それらが伝わりにくいのかもしれません。また，子どもたちの思考の癖が起因している場合もあります。

　こうした点に気をつけ，授業リフレクションをすると自分で目からウロコを落とすことができます。

# 第2章
# 目からウロコの指導術1

# 1 一人ひとりとつながる学級びらきをする

今日は４月の始業式。Ａくんが家に帰ってきました。母親が，「新しい先生は，だれ？」と尋ねます。「山田先生」と答えるＡくん。「どんな，先生？」と母親は尋ねます。

ところが，「ううん……」と考え込んだまま，「よくわからない」とＡくんは答えました。どうしてこうなってしまったのでしょう。

### ||| 初対面での印象に配慮する

その人の印象は，初対面 10 秒で決まる。そして，その印象はしつこいほどつきまとうということが言われています。

教師の第１印象は「始業式，その日」に決まってしまう。そして，それを塗り替えることは困難ということです。

こう書くと，とてつもない努力，そして，自分のキャラクターを変える必要があると思うかもしれません。

しかし，そんな大それたことは必要ではありません。

まず，見た目です。清潔にすることです。前日床屋に行くこと。新しいワイシャツを下ろすこと。スラックスにはしっかりと折り目がついていること。さらに表情。少しだけ微笑んでいること。口角を５㎜上げるイメージです。最後に声のトーンです。少し低めに出し，ゆっくりと話す。

こうしたことをすれば，少なくても悪印象は与えません。

## Ⅲ 一人ひとりとつながる

　時間に応じて一人ひとりとつながる工夫をしましょう。例えば，全員の名前を呼ぶということでも良いでしょう。その都度，「声がいい」「表情がいい」「姿勢がいい」と短くコメントしていく。これだけでも良いのです。帰るときに，全員と握手して，目を合わせて「よろしくね」というのでも良いのです。

　時間がないときには，学級通信などを用意して，そのなかに一人ひとりとつながる工夫があるのも良いでしょう。

　例えば，全員の名前を折り句にして，「祝文」を掲載する。一人ひとりの名前の漢字について語源を調べておく。

　こうすることによって集団の物語ではなく，一人ひとりとの物語をつくることができます。教師にとっては40人の内の一人かもしれませんが，子どもにとってはたった一人の担任なのです。

初対面で悪印象を与えない

> **ポイント**
> ・見た目，表情，声調で好印象を。
> ・始業式は「一人ひとりとの物語」をはじめる日。

## 2 先に縦糸を張り，あとから横糸を通す

　「やっぱり子どもには厳しくした方が良いですよね？」「子どもを変えるのは結局は優しさですよね？」これらは，違うことを言っていますが両方とも正しいことです。ただし，どちらかだけではいけません。子どもを真に成長させるには，この双方をタイミング良く働かせることが大切です。

　では，そのタイミングとはどのようなものでしょうか。

### ▌▌ 縦糸と横糸で指導は成り立っている

　指導は，縦糸と横糸でなっています。縦糸と横糸というのは，北海道教育大学の横藤雅人先生が提唱した指導モデルです。粗く言うと縦糸が規律，横糸が豊かな関係性のことです。これらを合わせて，横藤先生は「織物モデル」と名づけられました。

　このメタファーは実に豊かです。織機で織物を織るとき，先に通してあるのは縦糸です。指導において，まず通すべきは縦糸（規律）であるということです。

　そこに，横糸を1本ずつ丁寧に通していく。つまり，子どもたち一人ひとりと豊かな人間関係を結んでいく。しかも，その糸は単色ではなく，その子の性質に合わせていろいろな色があるというわけです。そうして1年かけて，学級という織物を仕上げていくというのです。

　指導には，規律と豊かな人間関係の双方が必要です。

34

## ▌ 縦糸と横糸の通し方は？

　では、縦糸と横糸はどのようなタイミングにどう張っていけば良いのでしょうか。

　長期的に見ると学級経営の初期においては、規律をしっかりと確立することが大切です。つまり、縦糸を張っておくことが大切です。

　縦糸がなかったり緩んでいたりすれば、当然横糸は通せません。

　ですから、縦糸をピンと張ることが大切です。しかし、縦糸はピンと張りますが、隙間なく張ってはいけません。織機の縦糸には適度の隙間があります。できるだけ、厳選したルールを教室に導入します。

　その上で、豊かであたたかな人間関係を子どもと結び、子ども同士も結べるように環境を整えます。教師が張った縦糸があるのに、それが見えなくなるほど、自律的に子どもたちが生活しているのが理想です。

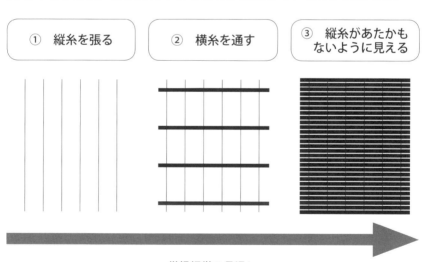

学級経営の見通し

### ポイント
・指導には、縦糸と横糸が必要。
・縦糸はあるが、最後は見えなくなっているのが理想。

# 3 縦糸を張りすぎない

　１年生の子どもたちを，大きな声で厳しく指導する教師がいました。「あの先生の学級の子どもたちはしっかりしている」と周囲からの評判は上々。しかし，その先生が高学年を担任すると，状況は変わってしまうと言います。
　どうしてこのようなことが起きるのでしょう。

## ▌▌▌ 縦糸は強く張りすぎると切れる

　低学年の子にいつも怒鳴って厳しく指導している教師。クラスの子どもたちは，たしかにきちんとしています。しかし，無表情であることが多いようです。おとなしいけれど，生き生きはしていないというのがぴったりです。

　また，その子どもたちが次の担任のもとに行くと学級は落ち着かなくなることが多いようです。前担任の教師は，「私のときはそんなことなかったのにねえ」などと言います。

　実は，子どもたちは前担任が怖いから従っていただけで，心から教師を信頼して言うことを聞いていたわけでもなければ，教師から指導されたことの意味がわかって適切な行動をとっていたわけでもないのです。

　また，こうした指導は低学年には通用しますが，高学年には反発されて通用しません。縦糸（規律）ばかりを隙間なく，しかも強く張ったために，それが切れてしまうのです。

36

第2章 目からウロコの指導術1

## III 縦糸を張ったら、即横糸でフォローする

　厳しい指導をしているのに、学年に関係なく子どもたちと良好な関係を保っている教師もいます。子どもは、本来厳しい教師が嫌いではありません。では、厳しい指導をしているのに、学級がうまくいく教師と、そうではない教師がいるのは、なぜでしょう。

　それは端的に言って、教師の指導の緩急にあります。うまくいく教師は、「縦糸＝緊張」のあとに、必ず「横糸＝弛緩」の指導を入れます。

　例えば、「おはようございます！」と教師が全体に声をかけたとします。ところがあいさつの声が小さい。ここで、うまくいっている教師は、「惜しい！　今のあいさつ、マイナス5万点！」などと評価しながら、楽しくフォローもしているものなのです。この点、うまくいかない教師は、「あいさつは、しっかりするものでしょう！」と、また縦糸を張り詰めてしまうのです。これではうまくいきません。

**ポイント**
・隙間なく、強く縦糸を張ると、切れる。
・うまくいく教師は緩急を使い分ける。

37

# 4 評価者―被評価者の関係をつくる

初任1年目の教師が，1週間後には学級運営がうまくいかなくなったと言います。職員室で話をしていると，謙虚で学ぶ意志のある人であることがわかります。

ところが，学級は早々にうまくいかなくなってしまいました。一体何が原因となって，このような事態になってしまったのでしょう。

## ||| 謙虚なのと，弱いのとは違う

その教師の授業を見に行きます。例えば，こんなやりとりが頻繁にあります。

**教師** 「それでは，教科書の12ページ開いてくれるかな？」

**子** 「えー？」

**教師** 「いいから，開いてください」

**子** 「じゃあ，はじめからそう言えばいいじゃん」

**教師** 「ごめんなさい」

優しい，謙虚な人ですのでその性質が指導に全面的に出ていました。

もちろん，子どもたちをただ怒鳴りつければ良いわけではありません。

しかし，率直に言うと弱いのです。子どもたちは弱い教師を望んでいません。弱い教師は，頼りなく，そもそも自分たちを成長へと導いてくれなそうなのです。

## ■ 自然状態では「評価権」は子どもが持っている

　自然状態では子どもが評価権を持っています。教師がずっと説明をして子どもに何もさせないと，子どもは「この先生の言っていることは役に立つかな」「わかりやすいかな」「面白いかな」「こんなことしたら怒るかな」という具合に，教師を評価しはじめます。

　そこで，一つの指示をします。「素早く立ちなさい」「あいさつしてみなさい」「教科書を読みなさい」このような指示をして，子どもに活動させ，評価します。

　「おしいですね！　素早く立つとは，0.2秒で立つことを言います。もう一度」

　このようにたった一つの指示出しによって，「評価者―被評価者の関係」をつくるのです。最初にすべきなのは，「教師＝評価者」「子ども＝被評価者」という関係を体で感じさせることです。

子どもに活動させ，教師が評価する

### ポイント

・弱い教師は，頼りない。
・一つの指示で，「評価者―被評価者の関係」をつくる。

# 5 縦糸を通すには，まず明確な「指示」を出す

一度，学級を荒れさせてしまったという若い女性教師。周囲からのアドバイスを受け入れて，今度こそしっかりとした学級をつくろうと決意。あわせて，今度は高学年の担任。いっそう厳しく指導していました。ところが，反発する子どもが続出です。

どうしてこうなってしまったのでしょう。

## ▍▍▍ 厳しくすれば，縦糸が通るというのは幻想

一度，学級を荒れさせてしまった教師。その教師のなかには，「自分の指導が甘かったから，学級を崩してしまった」という考えを持っている人たちがいます。

そこで，周囲のアドバイスもあって，次の学級では厳しさを前面に出して指導します。

女性の教師は特に男性教師のように振る舞う人が多いようです。

大きな声で子どもを叱責するようになります。

ところが，これは多くの場合，失敗します。

低学年ならまだおとなしくしていますが，高学年だとそうはいきません。

子どもたちは，ただ厳しいだけの教師の底の浅さを見抜いてしまいます。子どもたちは，自分たちを成長させずに，ただ厳しいばかりの教師が嫌いなのです。

40

## III 縦糸の通し方

　縦糸を通すには，まず明確な「指示」を出すことです。教師の指示がわかりやすいので子どもたちは，安心して「活動」します。活動させたら，必ずするのが「確認」です。確認したら，「評価」します。端的に言うと良いか，悪いかということです。これによって，子どもは意欲を高めます。

　しかし，それだけでは終わりません。それがなぜ良いのか，悪いのかを説明します。これによって，子どもは納得して指導を受けることができます。こうして，言われたことの「意義理解」をさせます。意義がわかるとそれ以外の場面でもできるようになり，「汎化」されます。そして最終的には子ども自身が「成長自覚」するということになります。成長自覚すれば導いてくれた教師の言うことをさらにしっかり聞こうとします。こうした姿を引き出すのが「縦糸」を通すということなのです。

縦糸を通す過程

### ポイント
・ただ厳しいばかりの教師は嫌われる。
・成長自覚によって，指示をしっかり聞く姿を引き出す。

## 6 縦糸5原則を意識する

　局面指導において縦糸を通す方法を理解できたとしましょう。しかし，縦糸を通すことはなぜ大切で，それはいったい何のためなのでしょう。
　縦糸を張ることによって，子どもたちはどのようなことを獲得したり感じたりするのでしょうか。

### ▌▌▌ はじめから教師ではない

　ベテラン教師のなかに，教室運営や子どもとの関係がうまくいかない人がいます。別に教師としての資質・能力が劣っているわけではありません。そのなかには，教科指導が上手だと定評のある人もいます。

　そうした教師がうまくいかないのは，実はこの縦糸を通すことを勘違いしている場合が多いのです。

　ベテランのなかには，「私は教師なのだから，子どもははじめから敬うべきだ」というスタンスの人がいます。しかし，それが今どきの子どもたちには通用しないのです。

　今の子どもたちは，自分を伸ばし，成長させられない教師を認めません。子どもたちの力を伸ばすために，凡事を変化させながら反復して，子どもたちに上達したり成長したりする喜びを感じさせることがないかぎり，子どもには認められないのです。

42

### ▌ 縦糸を通すとはどういうことなのか？

　教師が指導をして，その指導をしっかりと受け入れていたら，自己の成長を感じることができた。こうした状況になって，はじめて子どもは教師を教師として認めるのです。

　つまり，教師と子どもの「指導する―指導される」という縦の関係は，条件付きの契約的従属関係なのです。

　子どもは，自分を伸ばしてくれる教師であると認めてはじめて従属し，安定するわけです。成長させてくれるから「言うことを聞きたい」と思うわけです。もしも，がんばって指導を受けてきたのに，「ちっとも私たちは成長してないよね？」というのなら，契約は成立しないということです。

　若手であろうがベテランであろうが，子どもを成長させるという一点で，子どもの前に立つ資格を持っているのです。

従属安定感

契約的従属関係

成長自覚

凡事・変化・反復

評価権の獲得

縦糸を通す5原則

**ポイント**

・子どもを伸ばしてはじめて教師。

・子どもを成長させられるから，教壇に立つ資格がある。

# 7 横糸5原則を意識する

> 縦糸を張り，学級経営の初期に学級のルール・システムづくりをします。しかし，一方で教師と子ども，子どもと子どもの間に親密な関係を築いていく必要もあります。
>
> これを横糸と言いますが，横糸を通すことによって，子どもたちはどのようなことを獲得したり感じたりするのでしょうか。

## ▌▌ 嫌われないことは大切

まず大切なことは，「良好な感化力」を保つということです。「良好な感化力」が働いているとき，子どもは何かを指導されると，「この先生の言うことなら聞こう」と思います。その逆の状況では，「この先生の言うことなんか聞くもんか」と思っているわけです。つまり，どんなに正しいことを言っていても，感化力が足りなければ，指導が成立しないということです。

もちろん，日々子どもたちに好かれようと媚びを売れというのではありません。しかし，まず子どもとたくさん遊ぶこと，子どもの話をたくさん聞くこと，見た感じ不潔ではないことなど，人間関係の入り口は大切にすべきです。

このように指導の土台となる関係づくりをしっかりとすれば，教師が一つひとつ教えなくても，子どもは感化によって自ら学んでくれるようになります。

## ||| 聞くことによって，横糸を通す

　良好な感化力を発揮できるために大切なことの一つは，徹底して子ども
もの話に傾聴するということです。授業中や生徒指導の場面では，教師
から話す必要がありますが，日常生活においてはたくさん子どもの話を
聞いてあげましょう。もちろん，全員が話しかけてくれるわけではあり
ません。その場合は，子どもによって日記などを活用すれば親密な関係
をつくることができるでしょう。

　否定されずに自分の心情を受け止めてもらうという経験を繰り返すう
ちに，子どもたちは承認されているという感情を抱くようになります。

　自分を受け入れてくれる教師，仲間がいて，クラスが好きと子どもが
感じるとき，集団への帰属意識が高まり，子どもは安定していくのです。

**帰属安定感**

**感情的親密関係**

**承認自覚**

**徹底傾聴（受け）**

**良好な感化力**

横糸を通す5原則

**ポイント**

・良好な感化力が働けば，子どもは自ら学ぶ。

・傾聴→承認自覚→親密さ→安定に至ろう。

# 8 言ったことは貫く

　学級経営の初期に，「教師が許さないこと」を明確に伝えることが大切だと言われます。ある教師が次の３点を子どもたちに伝えました。「人を傷つける言動，注意を受けても良くしようという意志がない，うそやごまかし」

　ところが，こうした行動がすぐに散見するようになりました。何がいけなかったのでしょう。

### ▌▌▌ 言っただけでは変わらない

　学級開きの折，担任教師が「教室で絶対に許さない行為」について話すことがあります。

　また，教室の壁には「約束」「めあて」「目標」などが掲示されていることも多いです。

　もしも，言うだけや掲示するだけで子どもの行動が変わるのだとしたら，日本の学校は良い学級であふれているに違いありません。

　しかし，実際にはそうではありません。

　言っただけ，掲示しただけでは教室は変わりません。

　その言ったことや，掲示したことを具体的場面や，体験のなかで指導していくべきなのです。

　例えば，「人を傷つける言動は許しません」と言ったとき，すでに教師の頭のなかには，それらの具体的場面が 10 や 20 はイメージできなければなりません。そうでなければ，指導ができません。

## III 言ったことを貫く場面を見逃さない

「人を傷つける言動は許しません」と学級開きの折に言ったとしましょう。

その翌日，休み時間，AくんはBくんの筆入れを取り上げて，走って逃げました。AくんとBくんは，元々同じクラス。気心も知れている仲です。しかし，それを見逃してはいけません。

「どうしたんですか？」「遊んでいました」（笑っている）「遊びでもBくんの筆入れを取り上げて逃げてはいけないんじゃないですか。相手にいやな思いをさせるのを『遊び』とは言いません」

真剣に，毅然と指導をします。「Bくんに謝ってください」と迫ります。周囲の子は当然成り行きを注目しています。

このように，言ったことを貫いて，はじめて言ったことは有効になるのです。

言ったことは毅然と指導をする

### ポイント
・言ったことを，具体的場面，体験のなかで指導する。
・言ったことを貫いて，はじめて言ったことは有効になる。

# ⑨ 体験的に教えて実感させる

> 書写の毛筆指導の場面。子どもたちに教師は，「筆を立てるんだよ」と何度も声をかけています。
>
> ところが，子どもたちはすぐに筆を寝かせて，細かな運筆ができなくなってしまいます。
>
> いったいどのように指導すると状況を改善できるでしょうか。

## ▌▌▌ わからせるのではなく，実感させる

指導の際，指示だけをしたとします。例えば，「筆を立てるんだよ」と言うだけです。これだと子どもたちは，「なぜ筆を立てる必要があるのか」がわかりません。もっとも浅い理解といって良いでしょう。

次に，「なぜそうすべきであるのか」という趣意とともに指示したとしましょう。「筆を寝かせてしまうと，線が太くなるし，筆先をうまく使えないので，筆は立てましょう」と言います。こうすると，やや説得力が増します。先ほどと比べると，こちらの指示の方が良いことに気づきます。

最後に，体験的に教えたとしましょう。まず，筆を寝かせた状態で渦巻き模様や，直線を書かせます。次に，筆を立たせて同様の活動をさせてみましょう。すると，子どもたちは「筆を立たせる必要性」を実感することでしょう。体験させたことは，腑に落ちるのです。

48

## 3 失敗を通して学ばせる

　失敗を体験したり、うまくいかない方法を試したりすることは、物事を深く理解するうえでとても大切です。
　例えば、跳び箱の開脚跳びの際に、着手位置を色々試してみる。
　わざと間違った鉛筆の持ち方をしたときの鉛筆の先の見え方、姿勢がどうかを実感させるということなども、子どもたちにとって有効な学び方です。ただし、このように失敗を体験させるだけでは、実は「半分しか教えたこと」になりません。
　さらに大切なことは、「間違えたおかげでよくわかった」「失敗があったから、そのことの大切さがわかった」という感覚を子どもに持たせることです。間違えた子ども、失敗した子どもに、教師は「間違えたからわかったね」「失敗しても大丈夫」と何度も声をかけましょう。そして、「間違い・失敗大歓迎」を教室の風土にしましょう。

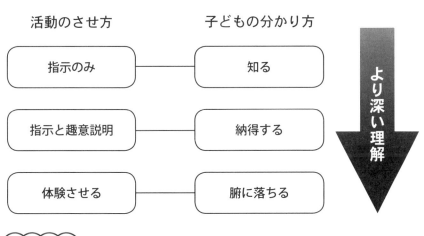

**ポイント**
・体験させて、実感させる。
・「間違い・失敗大歓迎」を教室の風土に。

# 10 4象限で局面指導を考える

> ある教師が，国語の時間，一斉に音読をさせました。すると，なかに教科書を出していない子を発見しました。
> さて，教室における学習規律を大切にし，その子の学びも保障する。さらに，良い人間関係も担保する指導の仕方とはどのようなものでしょうか。

### ▓ 基本はあたたかく厳しい指導をする

　この場合，良い指導と考えられるのは，あたたかく厳しい指導です。「あたたかい指導」というのは，「放っておかない」「成功できるやり方を教える」指導のことを言います。

　一方，「厳しい指導」とは，「子ども自身に気づかせる」「子ども自身にさせる」「子どもに努力させる」指導を言います。

　右ページの4象限の表を参考にしてください。

　もちろん，こうした局面指導には正答はありません。状況や子どもによって適切な指導は変化するからです。

　しかし，この場面では授業の流れを止めたり，個人への指導を長くする場面ではないでしょう。本人にさっと気づかせて，できたらほめることによって，適切な行動を強化したいところです。

　例えば，「まだ，教科書を出していない人がいますよ」と言い，その子が気づいて出せたら，「よし，自分で気づいたね」と評価するという指導をします。

50

第2章　目からウロコの指導術1

## III 四つの指導を使い分ける

　基本的には,「あたたかく厳しい指導」をすることが良いのです。しかし,その対象となる子どものパーソナリティーや周囲の状況,1単位時間の授業のどの部分の指導であるのかなどによって,繰り出す指導は変わってきます。

　例えば,耳で受け取る指示が通じにくい子には,教科書を出してあげる場合もあります。自分で出させることよりも,今は音読の楽しさを体得させる段階だと考えるのなら,「あたたかく甘い指導」をします。

　また,子どもによっては「放って」おいて,できたときにほめるという「冷たく甘い指導」もあるはずなのです。

　また,やればできるのに,毎時間教科書を出さないというのなら,「冷たく厳しい指導」をするということもあるのです。

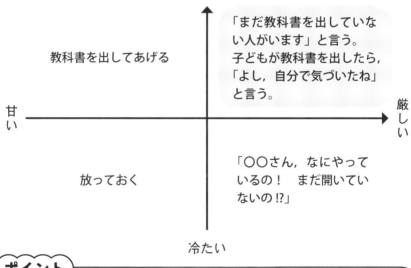

**ポイント**
・適切な行動の強化につながる「あたたかく厳しい指導」。
・子ども,時間,周囲の状況で判断する。

＊4象限で考える指導は横藤雅人氏考案

# 11 子どもの論理で授業をする

　校内でも授業が上手いと言われる若手の教師。「この頃，子どもたちが授業にのってこないんですよね」と職員室で言っています。「どんな感じなの？」と尋ねると，「子どもたちが驚いたり，『わかった！』と言ったり，そういうことが少ないんですよね」とのこと。

　なぜ，こんなことになったのでしょう？

### ▌▌▌「うまい授業」を問い直す

　その教師は，どちらかというとテンポ良く，鮮やかに授業を進めるタイプの教師でした。

　もちろん，見ていても，聞いていても小気味の良い授業とは言えます。また，板書もたいへん上手で，授業の流れが美しくまとめられています。一般には「うまい授業」と言えるでしょう。しかし，それが子どもたちにとって学びやすい授業であるのかと言えば，それは別。子どもにとっては，自分たちが悩むところで立ち止まって欲しいと思っていますし，自分ができるようになったときには，一緒に喜んで欲しいのです。

　教師にとってスムーズ，まるでショーのように華麗に教える授業が子どもにとって良い授業とは言えないのです。

　波に合わせて船を操舵するように，子どもに合わせて授業をするのを理想としましょう。

52

## III 対話しながら授業を進める

　一方的に進めるアジテート的な授業よりも，対話しながら子どもの論理で進める授業を心がけましょう。
　例えば，こんな感じです。

**教師**　「こうして今日やる問題を書いたんだけど，知っている割り算とどこが違うかな？」

**子**　「『割られる数』が小数だ」

**教師**　「そうだねえ，今までは『整数÷整数』だったよね？　どんな感じがする？」

**子**　「え，やり方違うの？」「同じにやっていけばいいんじゃない？」「同じやり方でできそうなのかな？」

　こうして，問題への受け止め方や解決への見通しを確認しながら進めると，子どもは安心して授業に取り組むことができます。

確認(対話)しながら授業をする

### ポイント

・「うまい授業」よりも，子どもに合わせる授業。

・対話的に，子どもの感じ方を確かめながら授業をする。

## コラム2　生徒指導は瞬間ではなく文脈を意識して

◆ある教室で見かけたことです。

Aくんとenglish Bくんは並んで座っています。

算数の時間，教師が問題を出し，子どもに解かせています。

すると，繰り下がりの部分で間違っている子が，数名いることに教師が気づきました。

そこで，教師は「隣の人，教えてね」と声をかけました。

Aくんは隣のBくんのノートを覗いています。

繰り下がりに誤りがあります。そこで，「ここは引けないから，十の位から10を繰り下げるんだよ」とBくんに教えました。

ところが，Bくんは素直に聞けません。「間違っていない。これでいいんだ！」と言い張っています。しばらくは粘っていたのですが，とうとうAくんはアドバイスすることを諦めてしまいました。

そこへ，教師がやってきました。

教師は，Bくんの間違いを見つけると，それを訂正させるより先に，「どうして教えてあげないの!?」とAくんを責めました。

これによって，Aくんは絶望的な気持になったに違いありません。

この教師は，Aくんに「先生の言うとおりにしても，報われることはない」ということを隠れたカリキュラムとして教えてしまったことになります。

教師はたしかに忙しいですし，40人学級の全員をいっぺんに観察することもできません。

しかし，気になる瞬間を見つけたら，その瞬間を「巻き戻してみる」ことはできます。

「最初はどうだったの？」「何が起きていたの？」と子どもに文脈を尋ねることで，子どもを正しく導くことができます。

54

# 第3章
# 目からウロコの指導術2

## 1 先行指示と矛盾しない追加指示をする

> 「表をノートにきれいに写して」と，教師が指示しました。「必ず定規を使うんですか？」と子どもが質問します。「そこまではいいよ」と答える教師。ところが，先ほど質問した子どものノートを見て，「もうちょっときれいに書きなさい」と注意。子どもは戸惑っています。
> いったいどうすれば良かったのでしょう。

### ▌ 子どもの気持ちに寄り添っていない

　子どもたちの多くは，ノートをきれいに書きたいと思っています。ですから，教師に「必ず定規を使うんですか？」と質問したのです。

　これは，きれいに書きたいという欲求のあらわれです。

　それに対して，教師はそれを否定しています。時間的なことであるのか，それともこの表の重要度がそれほどでもなかったのかははっきりしません。

　子どもたちには教師の「そこまではいいよ」という言葉が，「すごく丁寧でなくてもいいよ」と受け止められています。

　そのつもりで，子どもたちは作業をはじめたに違いありません。注意された子どももそうであったことでしょう。

　しかし，この子は「もうちょっときれいに」と教師に注意されてしまいました。子どもにしてみると，「先生の指示通りにしたのに」と思ったことでしょう。教師の何気ない一言が教室を混乱させた例と言えます。

## III 先行指示との整合に気をつける

　ここでは，「きれいに」と言っているのですから，その指示と不整合な追加指示はいけません。「定規を使うんですか？」と尋ねられたときには，「当然です」，「きれいに書ければいいので，方法は自分で選んでください」などと答えれば良いのです。

　さらに，このあとの机間巡視が重要です。「きれいに書ければいいので，方法は自分で選んでください」と言った場合が，特に難しいです。きれいに書けない子には，「もう少しきれいに書けるといいなあと思ってる？」と尋ね，もし「はい」と答えたら，「定規を使ってみる？」「マスいっぱいに字を書くようにするといいよ」などとあたたかな雰囲気での指導が必要です。子どもは言ったことに従っているのですから，厳しく指導してはいけません。「先生の言った通りしていたのに……」という思いを抱かせてはいけないのです。

指示は矛盾しないように

### ポイント

・何気ない一言で教室は混乱する。

・教師の言った通りにしている以上，責めない。

# 2 言ったことは確認する

　ある教師に「子どもたちが指示通りに動きません」と相談されたので，「指示を一つずつ出すといいよ」とアドバイスしました。すると，教室の状況は改善されたというのです。しかし，そのあとまた指示が通らなくなったと言います。
　いったい何が起こったのでしょう。

## ▌▌▌ まずは指示を明確にする

　相談してきた教師の教室を一度見に行きました。6時間目が終わり，帰りの会をはじめるところでした。次のように指示をしていました。

　「それでは6時間目が終わったので，勉強道具を全部しまいます。後ろからランドセルを取ってきます。取ってきたら，机のなかのものを全部入れて，ただふたは開けっぱなしにしておいて。あとで，プリントがたくさんあるからね。それを入れるから，ふた閉めなくていいから，田中くん，先生が『どうぞ』って言ってからです……」

　これでは，子どもたちは指示に従いたくても従えません。指示を一つずつにすれば良いのです。

　「ランドセルを取ってきなさい」「勉強道具を全部しまいなさい」……。こうして，指示を短く，一つにすれば子どもたちは安心して活動することができます。

58

## ▮ 一つ指示したら，一つ確認する

　ところが，指示を明確にすれば，それで子どもたちは活動するかというと，いずれしなくなります。それは，確認をしないからです。たとえば，「ランドセルを取ってきなさい」と指示したら，必ず「あと３人取ってきてない人がいます」「鈴木くん，速かったね。すばらしい！」というように確認と評価をしなければ，子どもはやがて動かなくなります。

　つまり，先ほどの相談してきた教師の課題は，この確認や評価を怠っていることに起因しています。

　例えば，宿題でも指示はされたが確認されなければ，実施率が下がっていくのは明白でしょう。

　「たった一つの指示」「確認」「評価」というサイクルによって，子どもたちを活動させることが大切です。

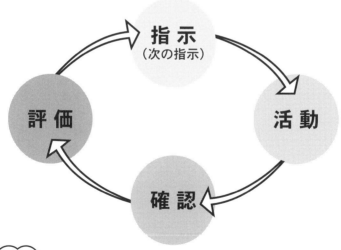

> ポイント
> ・指示を明確に，一つにする。
> ・指示→確認→評価のサイクルを回す。

## 3　重要なルールはもらさず言う

> 前年度，荒れ気味だったクラスを担任することになった若い教師。やる気もあり，子どもとたくさん遊べる教師。ところが，宿題提出のルールが，子どもたちにしっかりと伝わっていなかったということで，子どもたちとの関係がギクシャクしはじめました。
>
> どのように指示すれば，良かったのでしょうか。

### ||| 伝えたつもりではないのか

　学級開きから2日目に，教師は「宿題は毎日やります。量はノート1ページです」と口頭で伝えました。

　3日目には，なんと全員が提出して，「やる気のあるクラスだねえ」と子どもたちをほめました。

　ところが，4日目に提出してきた子どもの数は激減。1／3の子どもたちが提出しませんでした。

　はじめが肝心と思ったその教師は，「宿題は毎日やるって言ったでしょ！」と厳しめに言いました。

　「先生は『やる』って言ったけど『出せ』とは言わなかった」

　「出さなきゃいけなかったの!?　前は出すのは1日おきで……」

　2日目に休んでいた佐藤くんは，「え，宿題ってなに？」とさえ言っています。指示は，全員が指示通りに活動して，はじめて「伝えた」と言えます。

第3章　目からウロコの指導術2

## ⅡⅠ あの手この手で伝える

　通常，様々な指示は口頭で行われます。子どもたちの行動がすぐに見える場合は，間違って伝わっていれば，その場ですぐに修正すれば良いわけです。ですから，何の問題もありません。

　しかし，長期にわたって学級のルールとして運用されるような事柄は，この限りではありません。

　口頭で伝えたならば，それらを画用紙に書いて，全員に定着するまでは掲示します。

　休んでいた子どもにも連絡帳などで間違いなく伝えます。

　また，例に挙げた教師の「宿題」にまつわる問題は，最終的に保護者も巻き込んで大事に至りました。

　ですから，重要なことは学級通信などにも記載して，保護者にも周知するということが重要です。

全員に定着するまで掲示

### ポイント

・指示通り子どもたちが活動して，はじめて「伝えた」と言う。
・重要なルールは全員に伝え，保護者にも伝える。

# 4 途中導入は，即時徹底させる

　ある教師が，隣のクラスで実施されている日記を6月からはじめようとしました。ところが，隣のクラスの子どもたちは，ほぼ全員提出してきているというのに，自分のクラスは忘れる子どもたちがとても多いというのです。

　いったい，なぜなのでしょう。

## ▌▌▌ 鉄は熱いうちに打て

　まず考えられるのは，導入時期の問題です。

　通常，学級における重要度の高いルールは，学級経営の初期に定着させる。これが鉄則です。

　学級経営の初期，子どもたちはやる気に満ちています。

　そこで，日記を導入します。おそらくは全員か，全員に近い人数の子どもたちが持ってくるでしょう。

　また，仮に忘れてくる子どもがいたとしても，忘れてはならないことをきっちりと指導すれば，問題はありません。

　これで，子どもたちは持ってくるようになります。

　また，持ってくることを強く求めるだけではなく，教師とのやりとりが楽しい，文章を書く力がつくなどの子どもにとっての喜びがあるということが大切です。この喜びがあるからこそ，子どもたちは自分から進んで提出するようになります。

62

第3章　目からウロコの指導術2

## ■ 途中導入にはコツがある

　しかし，学級のルールや仕組みのすべてを学級経営初期に導入できるわけではありません。2学期や3学期から導入することもあるわけです。

　もしも，子どもたち自身がルールや仕組みを必要だと感じているのなら，導入は難しくありません。

　難しいのは，日記などのように教師は必要だと感じているが，子どもたちはそうではないという場合のルールや仕組みの導入です。

　この場合は，やってこない場合はその場でさせるということが鉄則です。

　「今度は気をつけるんだよ」と言っても，なかなかそれが徹底されることはありません。その場で，「今やりなさい」と求めることが重要です。

ルールを途中導入する場合は，即時徹底させる

**ポイント**
・重要度の高いルールは初期に導入。
・途中導入のルールをやぶったときは，その場ですぐにさせる。

# 5 子どもが運営できるシステムをつくる

> ある学級の担任教師が出張で学級を1日空けることになりました。代わりの教師が学級に入ったところ、朝の会から様々なルーティンが滞り、次第に授業まで落ち着かなくなったそうです。最後には、代わりの教師の厳しい指導が入りました。
>
> 担任教師の指導のどこがまずかったのでしょうか。

## ||| 担任がいないときのイメージで

担任である自分がいるときに、子どもたちがしっかりと活動できるのは、まず当たり前だと思いましょう。

担任がいるときは、子どもたちは一生懸命やろうと思います。また、活動が滞れば、担任がすぐに適切なフォローを繰り出すこともできるでしょう。

もちろん、そうした状況で子どもたちがしっかりと活動できることも、まずは望ましいことです。しかし、本来は、担任教師がいないときに発揮される力が、その子たちの実力とも考えられます。

そうであれば、担任がいなくても子どもたちだけで運営できるシステムを、クラスにつくり上げておくことが必要です。

自分がこの学級の子どもだとしたら、何が決まっていれば、担任教師がいなくても安心して生活できるかをリアルに想像してみましょう。つまり、自分が子どもになってみるということです。

第3章　目からウロコの指導術2

## ||| セーフティーネットをつくる

　主に，下の枠のなかにあるような仕組みやルールが決まっていると良いでしょう。

　決まっているというのは，誰がどのような任務を担い，どのように交代していくのかが決まっているということです。

　しかし，それだけではシステムはうまくいかない場合があります。

　さらに，危機管理や危険予測的な感覚が必要です。

　例えば，日直は五十音順の名簿通りに行っていくとします。「もしも，その子が休んだら，次の子が代わりに日直を行う。登校してきたらその日に日直の仕事を行う」「もしも，日直の子が朝の会を進められないときのために，『朝の会進行シート』をつくっておいてあげよう」このように，「もしも……」を積み重ねていくと，子どもたちはだんだんと突発的な事柄にも強くなっていくのです。

---

**決めておく事柄**

- ・宿題，家庭学習の提出の仕方
- ・朝学習の仕方
- ・朝の会のプログラム
- ・休み時間の過ごし方
- ・給食の食べ方のルール
- ・帰りの会のプログラム

- ・学習準備
- ・日直の仕事
- ・号令のかけ方
- ・給食，清掃当番の仕方
- ・プリント配付の仕方

---

**ポイント**

- ・自分が子どもになってみる。
- ・「もしも……」を積み重ねる。

# 6 給食時間を安定させる

　給食時間くらい，食べたいものを食べて，多少おしゃべりもしながら楽しくすればいい。こう考えていたある教師。子どもたちも，この方針に，大賛成。ところが，段々と騒がしくなり，マナーを大きく逸脱する子どもが出てきました。女子からも苦情噴出です。

　いったい何が問題だったのでしょう。

## ▌▌▌ 放っておけば荒れる

　楽しい雰囲気のなかで，給食を食べる。これに反対ではありません。

　しかし，ちょうどよい楽しさが子どもたちにはわからない。これが現実です。

　「マナーに反しない範囲で楽しくね」と説明をしても，それはなかなか通じません。おかわりはいつも決まった子どもになったり，立ち歩いたり，おしゃべりが大声になったり。

　もちろん，そういう状況を子どもたち自身が問題と感じて，そこからルールづくりをするという方法もあるでしょう。そのことも否定はしません。しかし，そこで重要なのは，そのことにかける時間がどれほどあるのか。その問題を乗り越えられるだけの力が子どもたちにあるのか。なによりその問題解決によってどんな力が子どもにつくのかということです。これらを総合的に判断して，給食時間の指導を考えるべきです。

66

第3章　目からウロコの指導術2

## ■■ 「きっちり」から，「ゆるやか」に

　ベテランの教師には見通しがあります。ルールをどれくらいきっちりにしておけば，あるいはゆるくても大丈夫かということについて。

　しかし，経験がないとそれらが見通せません。そこで，最初は「きっちり」とルールを決めておくと良いでしょう。

　子どもたちが基本的なルールやマナーに沿って行動ができるようになってきたら，少しずつ子どもにルールづくりを委譲すれば良いのです。

　子どもたちに，一部ルールを改変させるような働きかけが良いでしょう。

　「きっちり」から，「ゆるやか」に指導を進めるのが鉄則。この逆の「ゆるやか」から，「きっちり」にはできないことが多いのです。

---

　給食のルールの例

- ・まずは当番班が手を洗いに行く。その後8名（2班）ずつ手洗いに行く。
- ・配膳は，決められた役割をボードによって指示する。
- ・お盆を，先に1班から配付し，給食を受け取りに来る。
- ・それ以外の子は読書して待つ。
- ・「いただきます」のあと教師が量の調整をする。できるだけ盛り切る。
- ・10分後「1回目のおかわり」15分後「2回目のおかわり」。1品集中主義。1回だけおかわり可能。
- ・片づけは，「完食の子」から。音を立てずに。そして，教師が付き添う。

---

### ポイント

- ・給食指導をどうするかは，総合的に判断する。
- ・「ゆるやか」から，「きっちり」にはできない。

67

# 7 見せてから動かす

音楽の時間，「おもちつき」という手遊びを教師は教えようとしています。それをはじめから１小節ずつ，スモールステップで教えています。わかりやすい授業なのですが，今ひとつ子どもたちは楽しそうではありません。

どうして，このようなことになってしまったのでしょう。

## ▌▌ 全体を見せてから

この場合，子どもたちには全体像が見えません。いきなりパーツを示されて，「これをやってごらん」と言われて，それができたら，また次のパーツが提示される。

とてもわかりやすいです。しかし，やる気はわくでしょうか。

こんな例を思い浮かべてください。「小麦粉をふるって」「小麦粉と牛乳と卵を固まらないように少しずつ混ぜて」「オーブンで焼いて」「クリーム，泡立てて」……。一つずつ完璧にできました。そして，最後においしそうなケーキができました。

「『おいしいケーキをつくる』と先に言ってよ」「最初にそのケーキの写真を見せてよ」と思うことでしょう。

一つひとつの作業（活動）は完璧にできても，全体像が示されていないと，見通しが持てず不安。それとともに，活動に向かう推進力（意欲）がわいてこないということなのです。

68

第３章　目からウロコの指導術２

## III 全体を見せて，パーツに刻む

　もちろん，音楽に限った話ではありません。

　図工の作品づくりについても同じことが言えます。教師がつくったものを示して，動かせるものなら動かしてみる。絵画なら教師が描いたものや教科書の作品を見せる。これで，一気に子どもたちの「やりたい！」がわいてきます。そのうえで，活動をさせます。

　また，言葉で延々と説明する指導も考えものです。例えば，インタビューの学習で，インタビューの仕方，留意点を延々と説明しているという場合などです。

　これも，先に子ども一人にモデルになってもらい，教師がインタビューをして見せれば，子どもたちは一気に見通しを持ち，意欲も高めるでしょう。見たことがないものに見通しを持たせることや意欲を高めることは，かなり難しいのです。

教師が全体像を見せ，子どもたちを安心させる

### ポイント
・全体像が見えないと不安。
・見たことがないものに見通しを持たせることは難しい。

# 8 質問の指導をする

「うちのクラス，質問を受けはじめると次々と出てきて，
なかなか活動がはじめられないんです。この間も，それで
全校朝会に遅れちゃって……」と悩みを吐露する教師。
　この教師に，どのようにアドバイスをすると状況改善が
図れるでしょうか。

## ▌▌ 意欲がある証拠ととらえる

　子どもの多すぎる質問に，この教師は困っています。

　まず，絶対にあってはならないのは，「時間がかかるから質問タイム
をつくらない」ということです。

　質問をすることは，学習者にとって保障された権利です。また指導さ
れた通りに行うために，わからないことを質問すること自体が，そもそ
も学びです。

　それをさせないというのは，学ばせないということに等しい指導です。

　また，子どもは本来失敗せずに行動して，そのことを自分の自信にし
たり，他者から認められたりしたいと願っているものです。

　つまり，質問することはそれらを具現するための第一歩。さらには，
質問することは成長したい，できるようになりたいという意欲のあらわ
れと考えられることなのです。

70

## Ⅲ 質問の仕方を指導する

　そうはいっても，質問を永遠に受け続けることはできません。また，質問することが目的化してしまうような子もなかにはいます。
　ですから，そうなる前にしなければならないのは，質問の指導です。「かしこくなる質問の方法」と題して，学級経営の初期にできるだけ早く伝えます。
　① 最後まで聞いて質問する。
　② 一人一つに絞って質問する。
　③ 先生にしか答えられないことを尋ねる。
　④ 今質問しなければ，みんなが困ることに絞って質問する。
　⑤ 質問したら，その答えを一生懸命聞き，必ずお礼を言う。
　これらのことを指導するようにします。

### ポイント

・質問するのは意欲のあらわれ。
・「かしこくなる質問の方法」を教える。

# 9 指導は緊張と緩和を繰り返す

> ある教師のクラスは，授業中シーンとしています。私語もなく，ふざける子もいない代わりに目を伏せている子が多く活気がありません。一方ある教師のクラスは，笑い声があちこちから漏れていますが，関係のない私語，けじめのない様子も見られます。
>
> こうした違いは，なぜ生まれるのでしょうか。

## ■ 両極端は一致する

前者の教師は，子どもたちに緊張ばかりを強いています。子どもたちは従順に指示に従っています。話も静かに聞いているでしょうし，ノートもしっかり取っていることでしょう。

もちろん，荒れているよりは良いのでしょう。しかし，子どもたちが活性化しているかというとそうではありません。

一方の教師の指導には，緊張が足りません。子どもたちはリラックスしていますが，学習の本質に向かうということはありません。子どもたちは鍛えられていませんので，学力がついたり，深く思考したりするということもありません。

二人の教師のしている「指導」は一見正反対です。

しかし，子どもたちにとって効果的ではないという点では一致しています。「緊張」一辺倒，「緩和」一辺倒は効果的ではありません。

第3章 目からウロコの指導術2

## III 緊張と緩和を繰り返す

　「ノートに5秒でさっと書く」と厳しい表情で指示します。「まだ書けない人？　手を挙げる」とこれも表情を変えず。

　さっと手を挙げる子どもがいます。

　「すばらしい！　自分ができないことを恥ずかしがらずに宣言できるというのは値打ちがあるよ。特別にあと1秒待ちます」と言って，にっこり笑います。

　まず，書けていなかった子どもは，「できないときは『できない』と言っていいんだ」と安心します。

　そして，周囲の子どもたちは「あと1秒」で笑います。これによって緊張が緩和します。

　このように指導は，「指示（緊張）」→「活動（緊張）」→「フォロー（緩和）」というサイクルで回します。

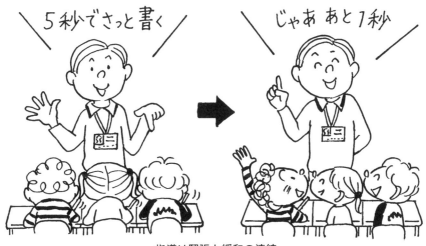

指導は緊張と緩和の連続

> **ポイント**
> ・「緊張」一辺倒，「緩和」一辺倒は効果的ではない。
> ・「指示（緊張）」→「活動（緊張）」→「フォロー（緩和）」。

73

# 10 「なりたい」「やりたい」を実現させる

体育館で全校朝会が行われました。あるクラスの教師が,行き帰りの子どもたちの行動について,たいへん厳しく指導しています。並び方,私語,歩くときの間隔……。子どもたちは整然と移動するようになりました。しかし,全校朝会そのものを嫌がるようになりました。なぜでしょう。

## ▎▎ 自尊感情が低くなる

全校朝会がある度に,教師から細かに注意を受ける。これで,子どもたちが自尊感情を低くしないわけがありません。

自尊感情の低い子どもたちは,周囲の事象や人に関心を持ちにくくなります。自分のことで精一杯だからです。

だから,全校朝会を楽しみにすることもなければ,自分を成長させる場とも考えません。

そもそも人は,たくさん,しかも厳しく叱られると,叱られないように気をつけるだけになります。自尊感情が低い子どもは,チャレンジすることも避けるようになってしまうということです。

関心は叱られない,最低レベルをクリアするにはどうするかということだけになってしまうからです。子どもたちが望んでもいないのに,朝会できちんとすることを強く求められるのですから,子どもたちは,朝会が嫌いになって当然です。

第３章　目からウロコの指導術２

## ■ 自尊感情を高める指導

　例えば、体育館への移動なら、事前に次のように尋ねます。
「どんなふうに移動できたらかっこ良さそう？」
「静かに」「間を開けないで」「できるだけ音を立てない」「他のクラスとあったら譲る」……。こう子どもたちは答えます。
　そこで、「いいねえ、じゃあ今日のチャレンジね。このうちいくつ達成を目指そうか？」と持ちかけます。
　いろいろな意見が出ますが、できるだけ全員が到達できる数に導きます。そして、活動が終わったら必ず自己評価してもらいます。
　このように、「なりたい」「やりたい」を自分たちで決め、そしてチャレンジして、自己評価することによって、子どもたちは成功体験を積み重ねます。これこそが、自尊感情を高める指導のサイクルなのです。

子どもたちの「なりたい」を確認し、チャレンジさせる

> ボイント
> ・自尊感情が低い子どもは、チャレンジすることも避ける。
> ・「自己課題設定」→「チャレンジ」→「自己評価」で自尊感情を高める。

## 11 「良好な間接関係」を結ぶ

> 教師はうまくいかない状況があると，その事実や思いを一人で抱え込みがちです。どうして自分はうまく子どもと関係を持てないのだろうか。こんな思いが，積み重なると，「自分は，教師に向いていないのではないか」とさえ思ってしまいます。
>
> どのようにすれば心軽やかに仕事ができるでしょうか。

### ▍ 誰しも万能ではない

横浜の元公立小学校教師の野中信行先生は，子どもたちが「生徒しなくなった」と言います。もちろん，以前だって教師の指導に適応しない子どもはいました。しかし，その割合が，増えているということは間違いないと言えるでしょう。

そのうえ，小学校教師は多くの時間を一つの教室で過ごします。子どもへの影響も大きく，子どもから受ける影響も大きいわけです。

うまく関われない子どもがいる場合，自分の指導のどこに問題があるのだろうかと考え，深く悩むことも多いわけです。

しかし，よく考えてみましょう。40人の子どもたちが一つの教室にいて，全員が教師との関係が良好だという方が，不思議ではないでしょうか。

「全員とうまくやろう」などという考えは，非現実的ですし，独りよがりな考え方だとも言えます。

76

第3章　目からウロコの指導術2

## ■ 良好な間接関係を結ぶ

　もちろん，すべての子どもたちと教師は良好な関係を結べている方が良いのです。また，そうあるように努力すべきです。しかし，それが現実的でないとしたら，どうすれば良いのでしょう。

　それは，「良好な間接関係」を結ぶということです。

　教師は，「子どもA」とは割と関係が良いとします。この子とはスムーズな会話ができるし，率直に自分の感情を伝えてくるので，アプローチもしやすい。

　ところが，「子どもB」とはなかなかうまくいかない。しかし，「子どもB」は「子どもA」と仲が良い。

　こういうとき「良好な間接関係」がつくられていると言います。

　「子どもB」にしてみると仲の良い「子どもA」と楽しそうにしている先生は，ひとまず安心できる先生ではあるのです。

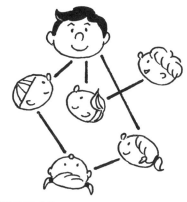

間接的に良好な関係をつくる

> **ポイント**
> ・全員とうまくやることはない。
> ・自分の「仲の良い子」と楽しそうにしている先生は安心。

77

**コラム3**

# その子にとって何が重要かを考える

◆指先の細かな動きが苦手な子がいます。リコーダーの学習や工作ではとても不利です。

　その子が努力すれば，もちろん少しずつ上達はしていきますが，すぐには難しい。つまり，できないのは努力していないためではないということです。サボっているわけではないのです。

　ある子のリコーダーの穴にはドーナツ型のシールが貼られていました。親の愛情なのでしょう。指先の細かな動きが苦手な我が子に，少しでも演奏する楽しさを味わわせてあげたい。

　教師に注意される回数を減らしてあげたい。

　他の子の演奏を邪魔しないようにしたい。

　そう思って，シールを貼ったに違いありません。

　ところが，４月のはじめ，ある教師がそれをはずせと言ったというのです。強引に剥がしてしまったともいうのです。

　子どもの実態を確かめたのでしょうか。

　それ以前に音楽科の目標は，そもそも何なのか考えたことが，この教師にはあるのでしょうか。

　例えば，本時の学習が次のような目標だったとしましょう。

　「リコーダーの音色に関心を持ち，進んで演奏したり，演奏の仕方を工夫したりしようとしている。（音楽への関心・意欲・態度）」

　音が正しく出せることが前提の学習です。この子を学習に参加させたいのなら，シールを剥がすようなことはしないはずです。

　「一人で正しく押さえること」が優先なのではなく，「進んで演奏したり，演奏の仕方を工夫したり」することが目標だからです。

　教師は，その時間，その学級，その子にとって今一番何が大事なのかを状況的に判断しなければならないのです。

# 第4章
# 目からウロコのリアクション術

## 1 子どもはその子の「もの」から見る

　「子どもの気持ちがなかなかわからなくて」「子ども理解って何からすればいいんでしょうね？」と相談を受けることがあります。
　特に，子どもの変化の予兆に気づきたいという思いは，誰でも持っているようです。どうすれば良いのでしょう。

### ▌ 子どもの心は目に見えるものに表れる

　子どもの心そのものを見えるようにすることはできません。もちろん，たくさん話せばその子のことを理解できる可能性は高まります。しかし，話していることがすべてその子のことを正確に表しているとは限りません。

　それではどうすれば良いでしょう。

　例えば，下駄箱の靴。新しくなった上履き。いつもキレイに収められている子の靴が今日に限って曲がっている。昨日まで，キレイにすべての鉛筆が削られていたのに，今日はそうではない。それまできれいに洗われていたパレットがそうではなくなったことから，家庭環境の変化に気づくこともあります。持ち物のなかで以前と変化したことはないかを観察することで，子どもの状況や変化に気づくことは，多くあります。

　まずは，その子の「もの」に注目しましょう。「ものは口ほどにものを言う」ということです。

第4章　目からウロコのリアクション術

## ▊ ものから人間関係も見取る

　例えば，女子が3人，教室のオルガンのそばに集まっていたとします。これを，「ああ，仲がいいんだなあ」と漫然と見ていてはいけません。例えば，椅子に座っているのは誰ですか。はじめにピアノを弾いたのは誰ですか。その場を，先に離れて，それについて行ったのは誰ですか。

　休み時間が始まり，子どもたちがサッカーをしに，グラウンドへと向かっていきます。

　このときも，一緒に遊びつつ，子どもたちとものの関係を観察しましょう。ボールを持って，教室を出て行ったのは誰ですか。また，逆に帰りにボールを持って帰ってきたのは誰ですか。ボールを毎回持ってくる子は決まっていませんでしたか。子ども同士の関係がものから見える瞬間です。

子ども同士の関係が「もの」から見えてくる

> **ポイント**
> ・まず，その子のものの変化に注目する。
> ・ものから人間関係を見取る。

# 2 判断に困ったら猶予をもらう

　「筆入れには，B以上の鉛筆5本と，赤を持ってきましょう」と説明しました。すぐに，子どもから「赤って赤鉛筆ですか，赤ボールペンですか？」と質問。そこで，すぐに「どちらでも良いです」と答えました。ところが，あとで他のクラスとルールが違うことが判明しました。
　どうすれば良かったのでしょう。

## ■ すぐに答える必要はない

　子どもは様々な質問をしてきます。特に学級経営の初期には，多くしてきます。

　質問されると教師は，すぐに返答しなくてはならないと考えるようです。迷ったり，悩んだりする姿を子どもたちに見せては，権威が失墜するとでもいうように。

　しかし，そんなことはまったくありません。むしろ，教師は迷ったり，悩んだりする姿を積極的に見せる方が良いのです。

　子どもたちはその姿を見て，安心もするでしょう。悩むこと，迷うことは悪いことでも恥ずかしいことでもないと実感するはずです。

　一方でいけないのは，不明確な事柄を確かめもせず答えることです。これは不誠実です。上の場合も，「今すぐに答えられないので，明日まで待ってください」と言えば良いのです。

第4章　目からウロコのリアクション術

## ▍初期の不信はなかなか拭えない

　子どもたちへの権威を保とうとして，その場しのぎでいい加減な返答をしたとしましょう。そのあと，他クラスとの違いが判明。

　「違ってもいいや」と学年の教師たちがいい加減な対応をしたとします。この場合，のちに子どもたちが不信感を高める可能性があります。「他のクラスと違うじゃないか！」というわけです。

　さらに，どちらかの学級で教師が言ったことを修正します。この場合も子どもたちは「先生，もう初めのルールのつもりで行動していたのに」と不満を持ちます。教師間の信頼関係もはじめから，おかしなことになるでしょう。しかも，初期の印象というのはなかなか拭えません。

　ですから，「ルールづくりで何か迷ったら，すぐに教師間で打ち合わせしよう」とあらかじめ申し合わせておくべきなのです。

> **ポイント**
> ・子どもに質問され迷ったら猶予をもらう。
> ・迷ったら，即教師間で打ち合わせ。

83

# 3 ポジティブなスキーマを持つ

> ある教師は，職員室に戻ってくると自分のクラスの悪口ばかりを言っています。「また，○○が授業中騒いだ」「また，○○の忘れ物がひどい」……。周囲で聞いていても，聞き苦しいほどです。
>
> どうして，こうした発言をこの教師は続けるようになってしまったのでしょう。

## ■ ネガティブなスキーマで子どもが見えなくなる

こんな話を想像してください。あなたは2種類のめがねを持っています。片方は，子どもの良いところだけが見えるめがね。もう片方は正反対です。

こんなめがねは現実的ではないとあなたは思うでしょう。

しかし，心理学的にはこうしためがねをかけて，私たちは人や事象を見ていると言います。このめがねのようなものの見方の枠組みのことをスキーマと言います。

例えば，「この子は忘れ物をよくする子だ」と思っていると，「忘れ物だけが注目され，記憶される」スキーマを持っているということになります。

その子が忘れ物をしてくると「またか」と思います。一方，忘れ物をしていないときは，それが意識されないことになってしまうのです。

84

第4章　目からウロコのリアクション術

## ▍ ポジティブなスキーマを持つ

　このことを良い意味で応用することもできます。例えば、「この子はしっかりした子だ」というスキーマで子どもを見るとします。すると、失敗をしたときの声かけの言葉が違ってきます。例えば、忘れ物をしてきたときには「珍しいねえ。どうしたの？」と声をかけることになります。

　もちろん、こうしたスキーマを持つことは難しいことです。しかし、クラスにいる8割の子どもには、無意識のうちにポジティブなスキーマを教師は持っているはずです。

　ならば、残りの2割程度の子どもたちに意識してポジティブなスキーマを持つようにすれば良いのです。毎日、力を発揮できないでいる子どもたちの良いところを記録ノートや学級通信に書き続けていきます。そうすると、そのことが自分に印象づけられて、見方が変わるはずです。

ポジティブな見方を意識する

**ポイント**
- 子どもに対するネガティブなスキーマに気をつける。
- 力が発揮できない子の良いところを書き続ける。

# 4 短く全員とつながる

ある若い教師が，こう話しました。

「先生，私は放課後いつも落ち込むんです」

その理由を尋ねると，「放課後，子ども一人ひとりの様子が思い浮かんでこないんです。どうしても思い出せない子がいて……」と言います。

どんなふうにこの教師にアドバイスしたら良いでしょう。

## ▌ 子どもたちと回数多く，短時間関わる

もちろん，子どもたち全員と深く関わることは理想ではあります。しかし，一人ひとりとじっくり，ゆっくりと関わることは現実には難しいことです。

そこで，短い時間でも良いので一人ひとりの子どもたちと関わるようにします。

例えば，6時間授業の日には，3時間は全員と関わる時間を設けると決めます。これは，やろうと思えばできることです。

一人ひとりに音読をさせて，全員に短いコメントをします。

また，ある時間には全員分のノートを見ます。

また，ある時間には長い作業時間を確保して，机間巡視しながら全員と会話を交わすようにします。

このように，1日のうちの半分の時間に全員と関わる工夫をすれば，短時間ではありますが回数多く子どもたちと関わることができます。

86

第4章　目からウロコのリアクション術

## ■■ 「学級通信に書く」「保護者に伝える」と決める

　子どもたちの様子を放課後思い出せないという理由には，こんなこともあるかもしれません。「見ている」のだけれど，記憶できていない。

　教室は，子どもの情報であふれています。その情報の渦のなかにいるのが教師です。一つひとつを記憶できていないのは無理もありません。

　そんなときは，収集する情報を思い切って限定し，アウトプットを意識してみましょう。例えば，「１班のことを今日は学級通信に書く」「Ａくんのことを放課後電話で保護者に伝える」と決めてしまうのです。

　こうすると情報が限定されます。また，書くためには記憶しなければならないと思うと，普段よりも記憶の効率が増します。

　アウトプットを意識してインプットすると，情報収集力と記憶力はぐんと高まるものなのです。

アウトプットを意識し，情報収集力アップ

> **ポイント**
> ・３時間は，全員と関わる時間をつくる。
> ・アウトプットを意識してインプット。

# 5 「知らない私」になる

> 「先生，聞いてください。ショックなことがあって……」
> と若い教師に話しかけられました。詳しく聞いてみると
> 「先生は，ぼくのことをわかってくれない」と子どもに言
> われたと言います。「けっこう気にかけている子どもだっ
> たのに……」と落ち込んでいます。
> 　どう言ってあげたら良いでしょう。

## ▌▌▌ 言葉通りに受け取らない

　たしかに，こうした子どもからの訴えには，大きなショックを受けます。気にかけていた子どもならなおさら。

　しかし，行動改善は必要ですが落ち込む必要はありません。

　この子どもが言った「ぼくのことをわかってくれない」は，教師に対して，完全に絶望しているのなら言わない言葉です。

　この子には，「ああ，先生がいけなかったんだね。きみの気持ちをわかってあげていないところがあったんだね」とまず伝えるようにします。

　その上で，「もしも良かったら，どんなことなのか教えてくれる？」と尋ねると良いでしょう。

　「先生がわかってくれない」は，「わかってほしい」という願いなのですから，それをまずは受け止めます。言葉そのものではなく，言葉が発せられた背景となる心情を受け止めることが大切です。

第4章　目からウロコのリアクション術

## ■ 「知らない私」として聞く

　ついつい教師は「きみのことはわかっている」「きみのことだからきっとこうだろう」と思って話を聞いてしまいます。子どもに「先生は，わかっていない」と思われることが怖いからです。ですから，話を途中で遮ったり，子どものことを決めつけたりします。これが，実は「わかってくれない」と子どもに思わせる最大の原因です。

　ですから，「わかってくれない」という訴えに対して，「わかっているふり」は厳禁です。

　「何があったのか」「どんなふうに感じたのか」を「知らない私」の心持ちで子どもに率直に尋ねましょう。「いつのことなの？」「先生のそういうところがいやだったんだね」「だから自分のことをわかっていないと感じたんだね」と受容しながら話を聞きます。「知らない私」として子どもの前に立つことが，実は「わかってもらえた」を実感させるのです。

子どもの「わかってほしい」を真摯に受け止める

> **ポイント**
> ・言葉が発せられた背景を受け止める。
> ・「知らない私」が，「わかってもらえた」と実感させる。

# 6 「動き終わり」も意識する

> ある教師が「うちのクラス，給食の準備が遅くて」と
> 困っています。「4時間目の授業は延びていないの？」と
> 尋ねると，「それは大丈夫です。むしろ少しだけ早く終わっ
> ているくらいです」と言います。
> では，どうして遅くなってしまうのでしょうか。

## ▌▌▌「動き終わり」を意識する

もちろん，最初に注目したいのは，給食準備のシステムそのものです。
子どもたちにとっての「ムリ・ムダ」がないのかを考えてみる必要が
あります。

しかし，その次に考えてみたいのは，4時間目の「動き終わり」です。
その4時間目の「始末」にどれだけ時間がかかっているのか。これを見
てみましょう。

実際に，私が見てきたクラスでは，4時間目が終了したあとの片付け
にもたついていて，給食準備がなかなか始まらないという場合がありま
した。

教師は，「動き始め」には敏感です。指示後にすぐに動き出さなけれ
ば，それを指導することはあります。しかし，「動き終わり」の行動に
は鈍感なことが多いです。

90

第4章　目からウロコのリアクション術

## ⅡⅠ 「動き終わり」はこう指導する

　「動き終わり」の指導は，あらゆる場面での徹底的な繰り返しによって行います。

　まずは，「動き終わり」の動きをよく観察します。例えば，1時間目終業のあいさつが終わりました。3秒後に「今の学習道具しまった人？」と尋ねます。

　数名が手を挙げます。

　「さすがです。かたづけが速い人は，準備も速いですね。もう次の学習用具が出ています」と声をかけます。

　給食時間の課題を給食時間だけでアプローチしても，なかなか定着しません。

　そこで，日常から「かたづけの速い子は準備も速い」を合い言葉にして指導するようにします。

かたづけの速さにも注目する

> **ポイント**
> ・「動き始め」と同じくらい「動き終わり」を意識する。
> ・「かたづけの速い子は準備も速い」を合い言葉に。

# 7 説教ではなく,「仕切り直し」をする

> 運動会の開会式の集合場面,子どもたちの行動がだらだらとしている。もっと,機敏に移動,集合して欲しい。こう願います。同じ学年の教師が,「移動は素早く。全体で揃えて,キビキビ動くんです！」と活を入れました。しかし,子どもたちの行動は,その後も変わりません。
>
> どうすれば良いのでしょう。

### ||| 意欲をわかせない指導

この教師がしたことが効果的でなかったのには理由があります。

一つ目は,子どもたちに「仕切り直し」のチャンスが与えられないということです。説教をされて,いやな気持ちのまま活動を続けさせられています。単なる説教で一つの活動が評価され,子どもたちは次の活動への意欲を持てないままでいます。

また,この指示自体が,子どもの「やりたい」気持ちを起こさせていないということも言えます。「キビキビ動くんです」と言われて,「キビキビ動くこと」が求められる。これほどつまらないことはありません。人は,工夫の余地がないことはつまらないのです。つまらないと感じたことはやりません。

一方,目的や趣意を説明されて,やり方を自分で工夫する状況にあると,俄然やる気がわいてくるものなのです。そうしたとき,人は主体的に工夫をしようとするわけです。

第4章　目からウロコのリアクション術

## III 意欲をわかせる指導

　まず，大切なのはやり直しをさせることです。
　例えば，こう声をかけます。
　「おっしい！　やり直し。見ている人が感動するような移動をしましょう！」
　「やり直し」を求めるのは，子どもを「やっつける」ためでも，罰を与えるためでもありません。ここでは，もう一度チャンスをあげるという意味です。「やり直し」は，「きみたちは本来できる子たちだ」という信頼の表明でもあります。
　また，「見ている人が感動するような移動」という目標設定をしています。具体的な目標が子どもの意欲を高めます。一方で，どのような移動なのかの具体は指示していません。個人に工夫の余地があり，子どもたちはあれこれ考え，主体的に活動に取り組むことができるのです。

子どもたちの意欲をわかせるやり直しをさせる

**ポイント**
・説教で活動を終わらせない。
・明確にゴールを設定して，やり方は子どもに任せる。

# 8 個々に評価する

　ある教師が，リコーダーの練習をさせていました。

　子どもたちに4小節分の譜読みをさせ，音も聞かせ，運指も確認しました。そして，5分程度の練習時間を取りました。そのうえで，一度全員に演奏させるとこれが悲惨な状況です。もう一度，練習時間を取っても，良くなりません。

　なぜなのでしょう。

## ▌▌▌ 真剣さを引き出していない

　まず気になるのは，この曲を練習する前に学習の見通しを持たせていたかということです。

　1曲を仕上げるのに，全部でどれくらいの時間があり，どれくらいのスピードで練習を進めていくのか。

　この点を，子どもたちはわかっているのでしょうか。

　例えば，「全部で3時間あって，最後の時間には全員に一人ずつ演奏してもらいます」というようなことが説明されていたかどうかです。

　見通しを持てない学習は，子どもたちを不安にもしますし，どれくらいのペースで学習を進めたら良いのかもわかりにくいので，主体的になりにくいのです。

　まずは，見通しを持たせて，子どもたちに自分自身の学習を管理させるようにします。

第4章　目からウロコのリアクション術

## ▌▌▌ 個々に評価する

　そうして見通しを持たせたとしても，なかなか真剣さが生まれてこない。そうした集団やそうした子どももいるものです。それはごく自然なことです。

　では，どうすれば良いのでしょうか。そうした場合は，個々に評価するという方法をとります。集団のなかに埋もれてしまうと，人は本来の力を発揮できない場合があります。単に練習タイムとだけ言っても，真剣に取り組めない子がいるかもしれません。

　そこで，最初5分の練習を終えたあと，数名を指名すれば良かったのです。「完璧！」「75点！」などと個々に評価していきます。全員する必要はありません。「残念な演奏をしている人がいます。3分後，もう一度全員に演奏してもらいます」と言えば，子どもたちの真剣さは引き出されたでしょう。

見通しを持たせ，子どもたちの真剣さを引き出す

> **ポイント**
> ・見通しを持たせて主体的にする。
> ・個々に評価して真剣さを引き出す。

## 9 プラスαができている子を見つける

> 「うちのクラス，意欲が低い気がするんです」と相談してくる教師がいました。よく話を聞くと，「はじめの頃はなんでも挑戦する意欲的なクラス」と思っていたのですが，最近はそうではないと。ほめてもあまり嬉しくなさそうだと。
>
> なぜ，こうなってしまったのでしょう。

### ▌▌▌ 新しい課題を提示し続ける

　子どもたちは本来もっと成長したい，もっとできるようになりたいと望んでいるものです。

　ですから，学級開き当初の子どもたちはやる気に満ちています。

　教師から与えられる新しいルール，新しい仕組み，新しい学習課題は子どもたちの意欲を満足させるに十分です。ところが，それが少し時間がたつとそうではなくなる場合があります。

　それは，おそらく子どもたちの力に対して，低いレベルの課題しか与えられていないためではないでしょうか。ほめられても嬉しそうではないというのは，「先生，そんなことできて当たり前だから，ほめないで」ということです。

　子どもたちは，いつまでも現状維持で満足できるような存在ではありません。もっと高い課題をと求めているのです。それを意識させるのは教師の責務と言ってよいでしょう。

第4章　目からウロコのリアクション術

## ⅡⅠ プラスαができている子を見つける

　はじめのうちは基礎的なことを丹念に積み上げていきます。まずは，指示通りのことができているかどうかを確認していくことが大切です。

　例えば，ノート指導などについても，「常に新しいページからはじめる」「日付」「ページ数」「標題」などをしっかりと書くことをまずは求めます。「指示通りにする」段階が終わったら，子どもたちのなかに表れた工夫を取り上げ，広めます。

　キャラクターを使っている子。漫画を取り入れてまとめている子。毎回，「ふり返り」をノートに書いている子。

　このような子を取り上げて，常に高いレベルの課題に取り組みたいと思うような，雰囲気を学級につくりあげます。

　子どもには「プラスαを見つけよう」と常々話すようにします。

子どもの工夫を評価し広める

**ポイント**
・子どもに高い課題を与え続けるのは教師の責務。
・「プラスαを見つけよう」を合い言葉に。

97

# 10 子どもとの回路を開いておく

　「どうも，あの子はぼくのことを嫌いな気がするなあ」
と職員室で話している中堅の男性教師がいます。自分の学
級のおとなしい女子のことについてのようです。どうやら，
その教師が話しかけても反応が良くないようなのです。
　さて，この教師にアドバイスするとしたら，どのような
ことでしょうか。

## ▐▐▐ 回路を多様に用意する

　この男性教師は，自分とうまくコミュニケーションをとれない子に対
して，自分が嫌われていると結論づけたようです。
　たしかに，まれに人はなんとなく人のことを嫌いになることもあるで
しょう。しかし，子どもは基本的に担任教師のことを好きでいたいので
す。
　もしも，この子が担任教師と本当は楽しくおしゃべりなどをしたいと
考えているとします。それなのに，一方的に担任教師が「嫌われてい
る」と感じていたら，これほど子どもがかわいそうなことはないでしょ
う。まずは，簡単に「嫌われている」などと思わないことです。
　次に，この子と話すというコミュニケーションの方法がうまくいかな
いとしたら，違う方法を考えてみることです。話すことが苦手な子が，
交換ノートにしたら「多弁」だったということはよくあります。コミュ
ニケーションをとるための回路は多様に試すとよいでしょう。

98

第4章　目からウロコのリアクション術

## ■ 没交渉になってしまっても回路は確保する

　教師も子どもも人間です。勘違いや感情の行き違いで，決定的にうまくいかなくなってしまうということはあります。

　そうしたときは，教師自身のミスについては真摯に謝罪するべきです。

　しかし無理に元通りの関係に戻ろうともがくことをしない方がよい場合が多いです。最悪なのは，「たしかに先生も悪いけど，きみも悪いよね」ということを納得させようとすることです。

　こうしたときは，静かに状況を見守るのが最良。しかし，その子が困ったり，悩んだりということもあるでしょう。そんなときの回路は確保しておきましょう。他の教師の力を借りたり，学級の子どもの力を借りたり，場合によっては保護者にも率直に伝えて，力を借りることです。

　自分以外の人の回路を開いておきましょう。

話すことが苦手な子には別の方法を考える

### ポイント

・多様な回路を試す。

・自分以外の人の回路を開いておく。

# 11 ウマが合わない子への視点を変える

> 「先生，どうしても私，うまくいかない子がいるんです」と相談してきた中堅の女性教師。よく聞くと，その子の行動一つひとつが気になって，いけないと思っているのにしつこく注意してしまうと言うのです。
>
> どうすれば，この教師の悩みは解消できるでしょうか。

## ▌▌ 3つの視点から見直す

　簡単に言えばウマが合わない子がいたときにどうしたらよいかということです。

　ちなみに，「ウマが合わない子はいない」と言い切れる教師はいません。どんなに優れた教師でもそうです。

　ただ優れた教師は，そのように感じる子どもが現れたときの乗り越え方を知っています。視点を変えるポイントは3つです。

①　教師という枠を外して多様な視点から子どもを見る。（この子が「私の遊び友だち」だったら……まあ楽しいかも）

②　教師自身も似たような面を持っていないか考える。（この子を許せない以前に，自分を許せないのかも。自分を許そう）

③　子どもが教師への偏見を持っていないかを考える。（なにか今までの教師による辛い経験が，この子のこのような行動を引き出しているのではないかと考える）

100

## ⅲ 過干渉を解消する

　わかってはいるのだが注意をやめられないということがあります。
　イライラするというよりは，不適切な行動を放置していたら，他の子どもに悪い影響がある。あるいは注意されないと，その子が「良いこと」と認識してしまうのではないかと，考えてしまうようです。教師としての善意が働いてしまうのです。
　たしかにその通りなのです。しかし，では注意をすればやめさせられて周囲にも良い影響があるかといえば，実はそうではありません。
　周囲の子は，「先生，授業を進めてください」「先生，ちゃんとやっている僕たちを見てください」と思っていたりします。
　そこで，その子が見えると注意してしまうので，席をやや後ろに下げるなど，その子から自分への刺激を減らすようにする。これによって，注意しなければならないと感じる機会を減らすという方法もあります。

ウマが合わない子から自分への刺激を減らす

> **ポイント**
> ・ウマの合わない子は，だれにでもいる。
> ・「その子」からの刺激を減らす。

# 12 注目する行動を変える

　「うちのクラスにいるＡくんなんですけど何度注意して
も，授業中に他の子にちょっかいを出すんですよねえ。厳
しく叱ってもまったくダメで，むしろわざとやってる感じ
で……」このように悩んでいる教師がいます。
　いったい何が原因でＡくんは不適切な行動を繰り返して
しまうのでしょう。

### ▌▌▌ 教師が原因かもしれない

　まず考えなければならないのは，どういう状況でＡくんが不適切な行
動を繰り返しているかということです。
　すると，「他の子どもにちょっかいを出す」→「教師が注意をする」
→「またちょっかいを出す」→「さらに注意する」……という一連の流
れが，見えてきます。Ａくんが不適切な行動をとったあとに，決まって
起こっている事にも気づくでしょう。それは，教師の注意です。
　Ａくんは教師からの注意を受けるために不適切な行動をしていると言
えます。「注意を受けるために」と言うと，わかりにくいので「注目を
集めるため」と言えばピンとくるでしょう。
　こう考えると注意を受けても不適切な行動が繰り返されることに納得
がいきます。Ａくんは不適切な行動で，教師の「注目を集めたい」ので
す。そして，そのことに成功しているので，不適切な行動を繰り返して
いるわけです。

102

第4章　目からウロコのリアクション術

## Ⅲ 注目する行動を変える

　大切なことは二つあります。
　一つは，不適切な行動をAくんがしたときには，Aくんに注目しないことです。ちょっかいをかけられた方の子どもに注目します。
　「大丈夫だった？　せっかく真面目に学習していたのにね。いやだったよね？」と声をかけ，守るようにします。
　一方，Aくんの不適切な行動はいったん無視します。
　その代わり，Aくんがおとなしく座っているときが，ポイントです。
　「静かに座っているね。いい感じだよ。とても勉強しやすい」
　また，ノートに字を書こうとしたらすぐに「お，やる気あるね」と声をかけます。つまり，適切な行動を取った際に注目することで，その行動を強化するのです。

不適切な行動には注目しない

> **ポイント**
> ・不適切行動の原因が，教師の注意の場合もある。
> ・適切な行動を認めて，強化する。

# 13 ノンバーバルで反応する

　新卒で1年生を担任した教師が「うちのクラスの子どもたち，一人ほめたら，『先生，ぼくは？』『私は？』って，騒然として授業にならなくなるんです」と相談をしてきました。

　この教師の悩みを解決するには，なんと答えたらよいのでしょう。

## ▌ ポジティブにとらえる

　これを1年生特有の状況だと考えてはいけません。実は，中学年でもしばしば起きます。

　また，高学年であっても多動性・衝動性の高い子は，周囲の状況に関係なく大きな声で教師に話しかけてきたりします。

　そこで，まずはこの行動をどうとらえるかということを考えてみましょう。

　相談をしてきた教師は，1年生が多数，しかも強く訴えてきたので，閉口しているようです。しかし，こうした訴えを苦々しく思ってはいけません。まず，担任教師に認めてもらいたいというのは，子どもの自然な姿です。また，意欲のあらわれでもあります。ですから，基本的にはポジティブにとらえてあげましょう。

　ただ，自分たちの訴え方が，周囲の迷惑になる場合もあるということはやんわりと伝える必要があります。

104

第4章　目からウロコのリアクション術

## ノンバーバルで反応する

　非言語的なコミュニケーションのことを「ノンバーバル」と言います。これを教室では多用しましょう。

　例えば，机間巡視で肩に触れながら「よく書けているね」と声をかけます。これを何度か続けているうちに，肩に触れるだけでその子は「ほめられている」と感じるようになります。これによって，教師のほめ言葉がきっかけとなって，他の子どもの「見て，見て」が誘導されることはなくなります。

　タイミングの悪い「先生，見て」には，にっこり笑いながら手で制止。不適切な行動に対しては怖い顔でにらむだけ。

　なんでも大きな声で対応してしまう教師がいます。

　こうした教室では，聴覚が過敏な子は学びにくいものです。常に先生の声が止めどもなく耳から入るからです。ノンバーバルな対応は，落ち着いた，学びやすい教室をつくるための手立てでもあります。

非言語コミュニケーションで対応

**ポイント**
・認めてもらいたいのは，意欲のあらわれ。
・ノンバーバルな対応は，落ち着いた教室をつくる。

## 14 叱った後の「間」を大事にする

> 「私の叱り方って威厳がないのか，怖くないのか，なんか効き目がないみたいなんですよ。けっこう厳しく叱ったあとでも，平気で子どもたちが話しかけてくるんですよ」と若い女性教師が悩みを吐露しています。
>
> この教師にはどのようなアドバイスをすると，状況が改善されるでしょうか。

### ||| 関係性を問い直す

　叱り方以前に，まず教師とその子との関係性が普段からどうであるのかを考える必要があります。

　近すぎる関係（友だち先生）になっていないかということです。

　そのうえで，もしも「友だち先生」になっているとすれば，日常指導のなかで，まずしっかりと「教師−児童・生徒」という関係を結ぶことです。

　それでも，関係性がなかなか変えられない場合はそれを生かします。「友だち」のように親しみやすい教師の場合，多少感情をあらわにして叱っても，大丈夫な場合が多いです。

　「友だち」のように，子どもとたくさん遊んでいる教師のことを，子どもたちはとても好きです。子どもにとって一番怖いことは，教師に嫌われることです。ですから，「そういうの許せないんだけど！」と率直に気持ちを伝える叱り方をしても通用するということです。

106

第4章　目からウロコのリアクション術

## ▐▌ 叱ったあとは二つの間をとる

　叱ったあとは，二つの間を取ります。

　まずは，空間的な間です。教師は叱ったあとには，その子のそばを離れます。その子自身に自分がしたことの意味，教師が語ったことの意味を考えてもらうためです。

　もう一つは，時間的な間です。関わり方を元通りにするには，少し時間を取りましょう。

　若い教師には，子どもを叱ったあとに，すぐにフォローに入る人がいますが，これはいけません。教師から子どものご機嫌を取りに行っていると感じられてしまいます。また，フォローしか記憶されない場合もあります。

　教師から話しかけるのは，その子が行動を変えたときです。そのときに「お，行動を変えたね。先生が言ったことの意味はわかったかな」とはじめてフォローをします。

子どもの行動が変わってからフォローする

**ポイント**

・関係性を生かして叱る。

・叱られたことを納得するための「間」をとる。

107

# 15 子どもの立場に立って考える

　毎朝，玄関前に立ってあいさつ指導をしている教師。「どうして子どもたちはまっすぐ並んで待てないんでしょう？」と困っています。尋ねると，開錠になるまで学年ごと2列になって並ぶように指導しているようです。しかし，それができない。

　さて，この教師になんとアドバイスをするとよいでしょうか。

## ▌▌▌ 子どもの立場に立って考える

　もしも，あなたが学校に入る前に，開錠するまでまっすぐ並んで待っていろと，命じられたらどう思うでしょうか。

　まず，「なぜ，並ばなければならないのですか」と尋ねるでしょう。それを説明されなければ，あなたは並びたくないはずです。人が行動するには，納得して行うための理由が必要です。

　しかし，子どもたちはそのことを説明されていません。長い列になれば，後方の子どもたちが道路にはみ出すという交通安全上の理由か。それとも，走り回って怪我をする子どもが出てきてしまうというのか。わからなければ子どもたちだって行動しません。次に，それが納得されたうえでも，なんの印もないところにまっすぐ並ぶことが可能でしょうか。まっすぐ並べというのなら，印くらいはつけるべきです。子どもたちにさせたいのなら，できるために準備をするのが教師の仕事です。

108

第4章 目からウロコのリアクション術

## Ⅲ できないときに，教育観が試される

　子どもたちが，「できない」ときに教師はどう考えるでしょうか。
　「なぜ，できないのだろうか」と考えるのか。
　「できないこの子が悪い」と考えるのか。
　これが大きな違いになります。
　前者のように考える教師は，「私の指導が悪いのか。悪いのならどうすればよいのか」「この子が力を発揮するのを邪魔しているものは何だろう。それを取り除くには私は何ができるだろう」と考えます。
　こう考える教師は，子どもにとっての環境（教師の指導法も含め）を変えることで，子どもの成長を保障しようとします。
　ところが，後者のように考える教師は，最終的にできない理由を子どもの能力のせいにします。すると，環境を変えようとせずに，どこまでも子どもだけを変えようとします。

子どもができないとき，子どものせいにせず考える

### ポイント
・できるための準備をするのが教師の仕事。
・環境を変えることで，子どもの成長を保障。

# 16 許容されることに置き換える

　　ある教師のクラスに，「手いじり」が止まらない子ども
がいました。教師は，話を聞くときには，手を膝に置くよ
うにしつこく指導しました。すると，今度は消しゴムをち
ぎりはじめ，さらに注意すると，今度は得意な計算の学習
もしなくなりました。

　　いったいどうすれば良かったのでしょうか。

## ▌▌▌ 強く，しつこい指導は逆効果

　注意されても，ほとんど効果がない子どもがいます。二つの理由が考
えられます。

　一つ目は，教師に注意されることが何らかの報酬（教師に注目しても
らうこと）になっているという場合。

　二つ目は，記憶することが苦手な子どもの場合。この場合，注意その
ものを忘れてしまっているので行為を繰り返します。

　こうした子どもは，叱られても落ち込まないかというと，とても落ち
込んでいるわけです。

　すると，「繰り返してしまう自分はなんとダメなんだろう」と，自尊
感情をとても低くするということになります。そのため，得意なことや
今までやれていたことまでできなくなってしまうのです。

　ですから，そうした子どもたちに限っては注意することで不適切な行
動をおさえるのは，良い方法とは言えないということになります。

110

## III 行動を置き換える

とはいえ不適切な行動をそのままにしておくことはできません。

周囲の子どもたちへの影響も心配ですし，消しゴムを無駄にちぎるというのも，社会的に受け入れられる行動ではありません。

そこで，その不適切な行動の置き換えが可能かどうか考えます。

「手いじり」や「消しゴムちぎり」は自己刺激です。低学年の子どもで，股間などを触ってしまう子どもも同様です。

その刺激を周囲や社会が受け入れられる行為に置き換えることができれば，問題を解決したり軽減したりできます。

この場合，触ることで心地良さを感じられるように，机の裏側にムートンなどの生地を張ったり，握ってストレスを和らげるボールなどを渡すことで置き換えられないかを試します。これによって，教師は注意する必要がなくなり，子どももストレスを感じなくなるので，互恵を保つことができます。

不適切な行動を置き換える

> **ポイント**
> ・注意して不適切な行動をおさえるのは，いけない。
> ・行動を置き換え，互恵的関係を。

# 17 「あとほめ」する

　毎週の学年の打ち合わせの際，「全校朝会のときに子どもたちが自分の椅子を，しっかりと机の下に収めるように指導しよう」と申し合わせられました。ある教師は，毎回一つひとつ見逃さず指導しましたが，段々状況は悪くなっていきました。
　どうしてこんなことになってしまったのでしょう。

## ||| 注意しても子どもは変わらない

　子どもが教室を出て廊下に並ぶ間中，子どもたちの行動を怖い顔でにらみつけている。
　そして，しっかりと椅子がしまわれていないと，名前を呼び，やり直しをさせる。
　注意を受けた子どもは，そのときは「いけない」という顔をするのですが，また同じ行動を繰り返す。
　さらに，「この間も言ったよ」「何回言えばできるの？」などと嫌味を言っています。こうしたことは，よくあることです。
　しかし，こうした「指導」によって子どもが変わることはほとんどありません。もしも，できたとしてもその教師が担任でなくなったら，その行動は引き続き行われません。
　厳しい指導という罰を与えるような指導は，罰がなくなったら効能が切れるのです。

112

第4章 目からウロコのリアクション術

## ■ あとでほめる

　ではどうすれば良いのでしょう。まずは，子どもたちの様子を観察するのは同じです。もしも，椅子を収めていない子どもがいたら「おしいなあ，3人間違っている人がいます」と言います。

　すると，数名が見に行きます。「見に行くだけでも素晴らしい。自分かもしれないと思っているのだから」と言います。

　もちろん，自分の椅子を自分で直せた子には，「気がつけたね」と言います。さらに，人の椅子を収めた子どもにも「ありがとう，きみのおかげで助かった人がいるね」と話をします。

　こうして，【問題の指摘】→【改善行動】→【認める（ほめる）】というサイクルで指導を行っていきます。

　こうすることで，望ましい行動に向かう意欲を高め，またそれがなぜ大切なのかという意義も理解できるようになるのです。

> **ポイント**
> ・罰を与える指導は，効果が持続しない。
> ・【問題の指摘】→【改善行動】→【認める（ほめる）】

113

## コラム4　ふり返りの意義と実際

◆「主体的・対話的な深い学び」の実現のためには，「ふり返り」が大切だと言われます。ふり返りとは，授業の終末や単元の終末で行われる学習活動の一つです。

　ですから，つい反省と混同してとらえるということが起きがちです。また，獲得した知識や習得した技能を，単に確かめるための活動とも考えられます。しかし，これらはどちらも間違いです。

　「主体的・対話的な深い学び」におけるふり返りは，文字通りの，単に終わったことを，ふり返るだけではありません。学習の軌跡を子ども自身がふり返りつつ，次は何を，どのように学び，それを成功させるには今まで身につけてきたことの何が役立ちそうなのかという「未来の学びへの構え」をつくる活動のことです。

　それは，主に書いたり，話したりということによって行われます。書かせた場合は次のようなふり返りが求められることになります。

　「(授業描写) 今回の『総合』の学習では，聴覚障害者のＡさんが私たちに手話を教えてくれた。(感情) 私は，このあと聴覚障害のある方の日常生活について調べたいと考えているのでとても楽しみにしていた。(評価) だから，私は，とても真剣にＡさんの手話を見て，まねすることができた。これは良かったと思う。(価値) 今回，指文字を教えていただいたので，インタビューをするときに，少しでも手話を交えてみようと思う。(分析) 今回指文字をすべて憶えられたのは，実は少し予習をしたからだ。うちにある『手話辞典』で練習してきた。それが良かったと思う。(影響) 同じグループのＢさんも『手話辞典』を見せて欲しいと言っていた。(計画) 今度は２人で指文字で会話してみようと思う。」

　６年生であれば，こうしたふり返りが書けるのが最終ゴールです。

# 第5章
# 目からウロコの対話指導術

# 1 話す前に聞き方を指導する

　「研究授業があるから，ずっとスピーチ指導に力を入れてきたけれど，今日愕然としたよ。子どもたちがあまりに話を聞けなくてさ」
　この教師は，自分の学級の子どもたちの聞き方がなっていないことに驚いたようです。
　何が問題だったのでしょうか。

## ▌▌ 聞き方を先に指導する

　スピーチや，手を挙げて発表する姿を，教師は歓びがちです。
　一見活発に見えるからでしょう。そうした子が増えれば増えるほど授業は活発に進んでいるように見えます。また，効果的な授業になっているようでもあります。
　もちろん，話すことの指導は必要です。しかし，「対話的な学び」は，伝え合うという双方向コミュニケーションの達成を目標としています。ですから，やがて話し合えるようにするという見通しのうえで，話すことを指導する必要があります。
　また，なにより話し合うというのは，聞いて反応するという「受け」の能力がないと成立しません。
　これには地道な指導と大きな時間がかかります。ですから，先に「聞くこと」を指導する必要があるのです。

116

第5章　目からウロコの対話指導術

## III 聞いているかどうかを確認する

　聞き方指導の難しさは，不可視に原因があります。
　聞いているかどうかを，見て確かめることができません。よく聞いているようでも，実は頭に残っていなかったり，聞いていないように見える子が実はよく聞いていたりというようなことが起きます。
　そこで，聞いているかどうかを確認するために可視化する(あるいは聞こえるようにする)必要が出てきます。段階的に次のように指導します。

① 聞いたことを再話させる。
② 聞いたことへの感想を言わせる。
③ 聞いたことへの質問をさせる。
④ 聞いたことへの意見を言わせる。
⑤ 聞いたことと自分の意見を合わせて新しい意見をつくらせる。

聞いたことへの意見を言わせて確認

> **ポイント**
> ・聞く指導には，時間と手間がかかる。
> ・聞いているかどうかを可視化する。

# 2 話すことは短い時間からはじめる

> 「今日，お互いのスピーチについて感想を言わせようとしたら，子どもたちの感想がすぐ終わっちゃうんですよね。どうしたら，もっと長く子どもたちって話せるようになるんでしょうか」と，相談してきた若い教師。
> あなたなら，なんと答えますか？

## ||| ゼロベースで考える

　まず，子どもは簡単に話せるようにはなりません。ですから，話せなくて当たり前と思って子どもを見ましょう。

　すると，話せない子ではなく話せる子が目に飛び込んできます。

　次に，話せないことが前提ですから，話せていたらなぜ話せるのだろうと，教師は思うはずです。すると，話すべきコツというのがすでに教室のなかに存在していることに気づくでしょう。あとは，その子の持っているコツを全体へシェアすればよいのです。

　「Aさんのスピーチへの感想，すごく長いんだよ。どうして長く話せるか聞いていてね」と子どもたちに伝えます。こうすることで，長く話すためのコツが教室で広がっていきます。

　最初にできるものだと思って子どもたちを見ると，できない子が目に飛び込んできます。この前提を変えれば違うことが目に飛び込んできます。

118

第5章 目からウロコの対話指導術

## ■ 短い時間でバリエーションを増やす

　長く話をさせる指導は，短い時間話をさせることからはじめます。
　例えば，隣の人とスピーチを聞き合わせたあと，「隣の人に感想を3秒で伝えてください」と指示します。
　そして，「できた人？」と尋ねます。おそらく全員ができることでしょう。これを，3セット相手を変えて行います。相手を変えると感想の内容や言い方にバリエーションが出てきます。
　次に，また相手を変えて，今度は「5秒続けられるかな？」と投げかけます。これもできることでしょう。
　こうして，短い時間のセッションを繰り返しつつ，子どもたちに話す内容のバリエーションを増やしていきます。表現のバリエーションが増えるにつれ，自然と長く話せるようになります。

まずは3秒で感想を伝える

> **ポイント**
> ・「話せる」という前提を変えて子どもを見る。
> ・バリエーションが増えれば，自然と長く話せる。

# 3 深い質問の仕方を教える

> 「自動車工場で働いている保護者に社会科の授業にきてもらったんだよ。そうしたら，質問が単発で，一問一答になっちゃったんだよね。『もうちょっと，深く質問しなきゃ』って言ってもピンとこないらしくて……」
>
> この悩みには，なんと答えると効果があるでしょうか。

## ▌ 縦の質問と横の質問を教える

　子どもたちには「深く質問する」と言っても通用しません。そこで次のように教えます。

　「自動車工場で気をつけていることは，どんなことですか？」

　「安全に走る車をつくるということです」

　「例えば，どんなことですか？」

　このように答えたことにさらにツッコミを入れるのを，「縦の質問」ということを教えます。

　次に，「気をつけていることは？」「楽しいことは？」「休みはどれくらい取れるんですか？」など，違う種類のことを尋ねるのを「横の質問」ということも教えます。

　これら二つの質問を，目的や時間，状況（1対1のインタビューか，多数かなど）に応じて使い分けると，良いインタビューができるのだということを指導します。

120

第5章　目からウロコの対話指導術

## Ⅲ 縦の質問を教える

　縦の質問と横の質問を比べると難しいのは，縦の質問です。縦の質問にはより即興性が必要だからです。

　しかし，縦の質問の「コツ」は存在します。

○相手の言った言葉に対して質問する。

　・なぜですか？

　・例えば？

　・どんなふうにして？

　・もう少し具体的に？

　・特にどこが？

　・どんなお気持ちですか？

　このようなコツをいつでも見えるところに掲示して，インタビューをすると，習熟させることができます。

**ポイント**
- 縦の質問・横の質問を目的・状況で使いわけ。
- コツを掲示して使いこなす。

## 4 簡単なことをたくさん話す指導をする

　「私のクラスで『はい，それじゃあ隣の人と相談してみて』って指示すると，一言二言で終わっちゃって全然対話が続かないんですけれど，どうしたらよいのでしょうね」と若い教師が相談してきました。

　この悩みは，どうすれば解決されるでしょう。

### ▌▌▌ 話す前に書かせる

　いきなり「相談しなさい」「対話しなさい」と言われても，子どもたちはできません。

　もちろん，なかには１割程度そうした指示にもついてこられる子どもはいるでしょう。しかし，多くの子どもは戸惑うはずです。教師が長く対話させようとすればするほど子どもたちは戸惑います。

　教師は，「対話してみよう」というと，すぐに話し合いがはじめられる即興性を子どもに求めすぎです。

　むしろ，書かせてから話をさせるということをたくさん積み重ねた方がよいです。即興性は，即興的ではない活動をたっぷり積み重ねることによって，はじめてできるようになるものです。

　ですから，何か問いやテーマを提示したら，「それでは，今のことについてノートにたくさん書いてみよう」と，まず指示をします。

　そのうえで「話し合ってみよう」というのがよいのです。

122

第5章　目からウロコの対話指導術

## 簡単なことをたくさん言わせる

　はじめは，発言の質について問わないようにします。子どもたちの話す事柄について質と量をいっぺんに求めることは難しいのです。

　まずは，簡単なことをたくさん言わせるという活動が効果的です。例えば，「教科書の挿絵を見て気づいたことを5個以上言ってみよう」というようなことでよいのです。それを一ヵ月程度続けていきます。はじめは見てわかることだけを子どもたちは言います。そのうち，子どもたちの発言内容が変化してきます。

　「……って思った」「……って，なんなのかな？」のように考えたことや思ったことが出てきます。これが，課題づくりややや深い対話へとステップアップするタイミングです。話し合いが，量から質へと変化するポイントです。

まずはたくさん話す練習から

**ポイント**
・即興性は，即興的ではない活動の積み重ねによる。
・量から質へと話し合いを導く。

# 5 話せなくても対話できることを教える

「『対話的な学び』の大切さはわかったのですが，うちの学級にはどうしても，お話をするのが苦手な子がいるのです。あの子のことを考えたら，１対１の対話は，二の足を踏んでしまうんですよねえ」と若い教師が悩んでいます。

あなたならなんとアドバイスしてあげますか？

## ||| 教師の受け止め方を変える

まず，教師の考え方を振り返ってみましょう。「お話をするのが苦手な子」がいることが果たして，不利な条件と言えるでしょうか。

そのことによって，学べることはたくさんあります。

話が極端に苦手な子がいたり，耳が不自由で音声による対話がしにくい子どもがいたら，そのことは教育環境として，とても良いことだと思いましょう。

学級の子どもたちにとっては，そうした困難さを抱えている人たちと，どう関わっていくかを学ぶ大切な機会となるでしょう。

また，当事者の子どもたちにとっては，話すことが苦手でも対話する喜びを感じることができる機会になることでしょう。

能力の違う子どもがいたり，多様なニーズを持った子どもたちがいるということを，ぜひ学級の宝と思えるような思考習慣を教師は持ちたいものです。

## III 子どもたちに関わり方を考えさせる

学級に話をするのがとても苦手な子どもがいるとします。

そんなときは，早い時期に次のようなことを話しておきましょう。

「先生の学級では，隣の人と聞き合うという活動が多いです。でも，走るのが遅い子や鉄棒ができない子や字を書くことが苦手な子がいるように，この学級に話すことが苦手な人もいるかもしれません。そんなとき，周りの人ができることを教えてくれる？」

「声が小さいときはそばに行って，耳を近づけて聞く」「話ができなかったら，字とか絵とか」「『〇〇は□□なの』って，簡単に答えられるような質問で聞く」

このようなアイディアが子どもから出てきます。学びの主体は教師ではないので，方法は子どもに考えさせるようにします。これで子どもたちは体験的に話せなくても対話はできるとわかるはずです。

話せなくても対話はできる

### ポイント

・多様性を宝として受け止める。
・話すのが苦手な子との対話方法は，子どもが考える。

# 6 公的意識を教える

> 「うちの学級の子どもたちって，悪い子たちじゃないん
> だけど，人への接し方が下手だったり，冷たかったりする
> んですよねえ。指導しても今ひとつで……」
> こうした子どもたちが，相手への対応のまずさに気づく
> には，どのようなアプローチをすると良いでしょうか？

## ▌▌ 逆の立場に立たせる

　自分が言ったことの影響や，相手の感じ方がわからないから，つい相手にきついことを言ってしまったり，ひどい態度をとってしまったりします。

　そこで，逆の立場に立たせることにします。つまり，この場合はきつい言葉を言われてしまう方の立場に子どもを立たせます。

　あるいは，そうしたやりとりを見ている周囲の立場に立たせるようにします。

　そのことによって，自分の言葉が周囲にどのように感じられているのかに気づくことができます。

　発達段階によっては，「相手の気持ちを考える」「相手の立場に立つ」ことが難しい子どもたちも，直接体験なら相手のことがわかります。相手の気持ちに気づかせたいときは「逆の立場に立たせる」が有効です。

126

第5章　目からウロコの対話指導術

## III 人の気持ちに気づくワークをする

　まずは，三人の子どもが下図のように「トライアングル」で座ります。
① 役割を決める。「A→話し手」「B→聞き手」「C→観察者」。
② Aは1分間「昨日あったこと」を止まらず話し続ける。
③ Bは「悪い聞き方」をする。「目を合わせない」「ため息をつく」「つまんない」「興味ない」などを繰り返す。
④ 同様の役割，テーマで，今度はBが「良い聞き方」をする。

　以上を役割を変えて，3回行います。つまり全員がすべての役割を体験することになるわけです。そして，最後に感想を交流します。このとき肝心なことは，直接体験している二人だけではなく，周囲の人も嫌な思いをしているということを理解させることです。これを「公の意識」ということも教えましょう。

> **ポイント**
> ・逆の立場に立たせて，体験させる。
> ・「公の意識」を教える。

# 7 いきなり対話させない

　「これからの授業には対話が大事だっていうので，意識して授業に取り入れていこうと思うのですが，どんなことからはじめたらよいですか」と若手の教師から質問されました。

　対話を授業に取り入れるには，何を，どんな順番で指導していけばよいのでしょう。

## ▌▌▌ 対話させる前にすること

　対話してみましょうと言っても，急にはできません。

　もちろん，対話が活発になるための課題，テーマは重要です。

　しかし，良い課題があり，一人ひとりの子どもたちが意見を持っていたとしても，実はそんなに簡単に対話は始まりません。

　みなさんも考えてみてください。ある会合にはじめて参加します。会場には見知った人は誰もいません。そんな状況のなかで，すぐにそばにいる人と「対話してください」と言われてできるものではないでしょう。

　では，対話させる前にしなくてはならないのは何でしょうか。

　それは，子どもたち同士の親和性を高めるということです。

　お互いが傷つけられないということを理解し，そして何を言っても受け入れられるという，そうした思いを子どもたちに育むことが対話の第一歩です。

128

第5章 目からウロコの対話指導術

## ▌ 同じ嗜好を確認させる

　人は出会って間もなくは，同じ嗜好を持つ相手に強く親和性を持ちます。

　もちろん，長い付き合いとなれば互いの違う点を確認することや受け入れることも大切。しかし，学級経営の初期や席替えをした直後は同じ嗜好を確認できる活動を取り入れましょう。

　例えば，「好きな動物をお互いに話してみよう」「好きな食べ物」「好きなゲーム」などを情報交換させるとよいでしょう。

　さらに，この段階では相手が受け入れてくれる安心感を，子どもたちに感じさせたいです。それが，安心して対話できる素地になるからです。

　相づちの打ち方，話を聞くときの姿勢などもこのときに指導するとよいでしょう。

まずは共通している好きなものを確認

> **ポイント**
> ・まずは，親和性を高める。
> ・まず好きなことを共有し，安心して対話できる素地をつくる。

129

# 8 ストロークを増やす

> 「『話し合ってみよう』っていうと，ぱっと対話が始まったり，話がぐっと深まったりというのは，どうしたらできるようになるんでしょう。それに，対話させる場面って，そんなに授業のなかにありますか」と，相談してきた若い教師。
>
> さて，授業での対話場面は，どうつくればよいのでしょう。

## ▓ とにかく話をさせる

もちろん，ペアでの対話には目的や意義が大切です。研究授業などでは，おかしな場面で対話をさせると，参観者から「何のためにしたんですか」という鋭い質問が出たりします。

しかし，実を言うと対話にはある程度の量が必要です。スキーや水泳を上達したいと思えば，実際ゲレンデに行ったり，プールに行ったりしてある程度の経験をつまなくてはなりません。家にいて，なにもせずに上達することはありません。

対話も，これと同様のことが言えます。やらないとできません。

ですから，学級経営の初期には，事あるごとにたくさん対話させることが必要です。スポーツの多くがそうであるように，ある程度までは量が質と比例します。

## Ⅲ なんでも「関わり」あわせる

　ここで難しいのは，対話させようとすると授業中にその機会は意外と少ないということです。そこで，「対話」をまとまった時間，長く話すものと考えるのではなく，子どもたち同士の「ちょっとした関わり」をたくさん持たせることを考えると良いでしょう。

　例えば，算数の授業なら次のような具合です。

・問題をペアで読んでみよう。
・問題で何が聞かれているか，ペアで確認しよう。
・問題の解き方の見通しを話し合ってみよう。
・解決の途中経過を話し合ってみよう。
・解決方法について説明し合おう。
・今日の時間わかったことを二人で話してみよう。

　たくさん関わらせ，対話のストロークを増やせば対話の質は自然と高まります。

教科書の音読でも関わりを持たせる

### ポイント

・対話の質は，量にほぼ比例する。
・対話させるというより，関わらせるというイメージで。

# 9 子どもの姿からアプローチを考える

　「子どもたちを対話させているとき，いったいどこにいて，何を見ていればよいのですか？　なにか活動が始まってしまうと教師が何をしたらよいのかが，わからなくて」と困っている若い教師。

　あなたなら，どのようにアドバイスしますか。

## ▌▌ 見る視点を決める

　子どもたちの感情的な親和性を見取るなら，表情をしっかりと観察するとよいでしょう。

　テーマに対して，どれだけ熱中して話し合っているのかを見たいのなら，子ども相互の頭の近さに目をやりましょう。熱中してくると子どもたちの頭の距離はどんどん近くなります。

　学びが均等に起きているかを見るには，一人ひとりの発話量について見取る必要があります。

　また，対話内容の深さに関しては，事前にあなたが規準として設定したワードが出てくるかどうかを聞き取りましょう。例えば，算数の面積の学習なら「決まった大きさのタイルを敷き詰める」「縦横をかけて計算」などといった，その時間子どもの口から出て欲しい重要語句が出てくるかどうかということです。

　こうした視点を持ってはじめて子どもたちを見取ることができます。

第5章　目からウロコの対話指導術

## III 周辺から見る

　基本的に，ペア学習やグループ活動が始まったら，あまり子どもたちに近づいて聞いたりせずに，教室の周辺部から静かに見守ります。

　子どもたちがプレッシャーを感じずに話し合えることが大事です。

　そのうえで，様々な観察をして不足している部分は全体へと指示します。

　「ここまでのところ，自分が一番しゃべっちゃってるなあっていう人，手を挙げて」

　「今の話し合いのなかに，『隙間なく敷き詰める』って言葉，出てきているグループ手を挙げて」

　もちろん，たびたび活動を止めてはいけませんが，このように全体に問いかけて，ときどき子どもたちの誤りについて軌道修正してあげることは大切なことです。

子どもから出てほしい重要語句をときどき確認

> **ポイント**
> ・視点があるから見えてくる。
> ・そっと見守り，控えめに軌道修正。

133

# 10 ペアからグループへと移行する

　「ペアで対話することはできるようになったんですが，グループで話し合わせると，途端にできなくなってしまうんです。ペアからグループでの対話にするにはどうしたらいいんですか？」と相談されました。

　さて，どのように考え，どのように指導すればよいのでしょうか。

## ペアとグループは変わらない

　実を言うと，ペアでの対話ができればグループでの対話はできます。

　それは，基本的に話している人が一人，聞いている人はそれ以外という形態が変わらないからです。

　ですから，ペアでできればグループ対話はできます。また，逆に言うとペアが成立しないうちは，グループにしてもうまくいかないのです。

　これが，グループからペアへと移行させるタイミングを判断する基準でもあります。

　では，なぜ二人から四人に変わると対話が成立しなくなるかと言えば，それはグループメンバー同士の技能によるものではなく，むしろ，そのメンバー同士の親和性の程度によるところが多く，親しくなればできるという場合がほとんどです。

第5章　目からウロコの対話指導術

## III ペア活動では相手を変える

　はじめは左右隣の二人（下図1と2，3と4の子ども）でペアの対話を行います。これを「セッションA」と呼びます。

　次は，前後の二人（下図1と3，2と4の子ども）の対話も行うようにします。これが，「セッションB」。

　次は，斜めの二人（下図1と4，2と3の子ども）で行う「セッションC」へと移行します。これらは四人グループで対話することを射程に入れての活動です。セッションABCが円滑にいくようになったら，四人グループへと移行します。最後に，話す相手を自分で見つける全体交流を行います。これが「セッションD」です。これは，立ち歩いてグループの人以外の相手を見つけ，ペアになって行う対話です。こうしたことをすることで，ワールドカフェなども可能になります。

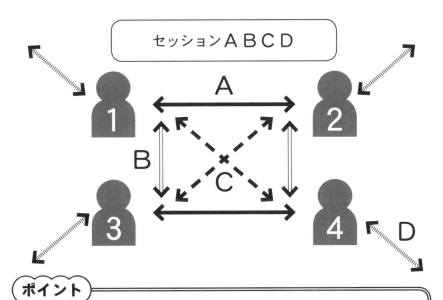

**ポイント**
・親和性が高くなれば，ペアからグループへ移行。
・ペアを頻繁に変えて，大規模対話に。

# 11 日常的に「ほめ合い」を行う

「うちの学級，人間関係が悪くて，お互いの『良さ』が
なかなか認められないんですよね。だから，『ふり返り』
をしても，自分の成長は言えるけれど，仲間の成長にはな
かなか気づけなくて，困っています」と相談されました。
　互いの良さを見つけ合える支援的風土を育むにはどうし
たらよいのでしょうか。

### ▮▮▮ 「ほめ合う」機会を増やす

　相手の良さを認めることは，心の問題のようですが，実は技術です。
スポーツのように，練習しなくてはできないことなのです。ですから，
「ほめ合う」ことができないからといって，その活動を避けると，なお
いっそうできなくなってしまいます。

　そこで，ことあるごとに「ほめ合う」活動を取り入れていくようにし
ます。

　はじめは形式的にほめるだけになってしまうかもしれません。そして，
「心がこもってないなあ」と課題を感じることもあるでしょう。

　しかし，たくさんほめられるようになる頃，不思議ですが心の底から
相手の存在についても認め合えるようになるものなのです。心が変われ
ば行動が変わるということも言えますが，行動を変えることで心を変え
ることもできるのです。

第5章　目からウロコの対話指導術

## Ⅲ ほめることの効果を味わう

　まずは,「隣の人の良いところを一つだけ伝えましょう」という活動からはじめます。そして,次の日は二つに増やします。前日と内容が重複していてもかまいません。

　ほめる内容が3つくらいまで増えたら,今度は時間を条件にします。「15秒間ほめよう」「20秒で〜」という具合にです。

　その際,「一つほめたあとに,『例えば〜』『この間も〜』を使おう」と例示をさせるようにします。さらに重要なことは,ほめることができるようになったら,ほめられたことに関するフィードバックもさせるようにすることです。

　ほめてもらったら,「何がどう嬉しかったのか,感じたことを『お返し』しよう」と指示します。これで,ほめることが単なる作業ではなく,相手を幸せにすることだと実感できるようになります。

ほめることの良さを実感させる

**ポイント**
・行動を変えることで,心を変化させる。
・ほめることは,相手を幸せにすることだと実感させる。

137

## 12 話すことの指導は，聞き手に注目する

　「うちの学級の子どもたちって，とってもシャイでなかなか発表がうまくいかないんですよね。手を挙げて立っても，いざ発表となると詰まってしまったりして。やっぱり，何回も練習させるしかないんですかねえ」
　この教師の悩みを解消するには，どんな考え方や方法を提示すればよいのでしょうか。

### ▐▐▐　目的に目を向ける

　発表することの目的は，自分の考えを相手に伝えるということです。たしかに，わかりやすく伝えるために技術は必要です。しかし，技術がなければ伝わらないかというとそういうわけでもありません。

　朴訥とした語りが人に伝わるということは，よくあることです。

　ですから，教室での話し方の指導は，技術を教える一方で，話すこと自体を嫌いにさせないということが重要です。

　もしも，話すことが嫌いになってしまったら，話す技術以前に話すこと自体をしなくなってしまうのですから。

　そのためには，話し手を指導するより，むしろ聞き手の方に注目する必要があります。

　話すことを楽しいと感じさせたり，話してみたいと思ったりする子どもを育てるには，聞き手の聞き方の方がむしろ重要です。「あなたの話は伝わっているよ」と伝えられる聞き手を育てましょう。

138

## III 三つの観点で指導する

聞き方指導のポイントは「態度」「反応」「尋ね方」の三つです。

この三つについて，「良い○○」「悪い○○」をそれぞれさせて，聞き手，話し手の立場で体験します。

はじめに態度の指導をします。「良い態度」「悪い態度」を子どもに両方させて，話し手がどう感じるかを体験させます。

次に反応です。無表情，無反応な人に対して話すとき，笑顔で，邪魔にならない程度の相づちを打ってくれる人に対して話すときの感じ方を比べます。

最後が「尋ね方」です。これは，途中で尋ねる場合と一通り話し終わったあとに質問をする場合とで比べます。

このように，話し手が話しやすい聞き手というのはどのようなものかを体験的に気づかせることが，実は話し手を上達させる近道です。

### ポイント
・話し手を育てたければ，聞き手を育てる。
・聞き手指導が，話し手指導の近道。

## 13 ふり返りで主体性を高める

　「『ふり返り』が，学習において大切だとあちこちで聞くのですが，ピンとこないんですよねえ。子どもたちには『ふり返り』を書かせてはいるのですが，それが次の時間につながっていないような気もするし」と悩んでいる教師がいます。
　「ふり返り」の良さを実感できるようにアドバイスしたいのですが。

### ▐▐▐ 「ふり返り」で主体性を高める

　端的に言うと，「ふり返り」は主体性を高めるための仕掛けです。
　「学習体験」→「ふり返り」→「次の学習体験」というサイクルのなかで，「やってみたい」という意欲を起こさせるのが，その機能です。
　体験したことのなかから，「何が起きていたのか」「何を感じたか」「何を学んだのか」「つぎに『やってみたい』ことは何か」を探っていくのが「ふり返り」です。
　教師が用意した学習内容や教材を単に享受するのではなく，主体的に学ぶことを推し進めていくのに，ふり返りは重要だということになります。また，自分が「やってみたい」ことを実際にやってみて，それが成功したときに，人は自尊感情を高めるということが言われます。そうすると，「ふり返り」は主体的に学習を進めるための仕掛けであり，一方で自尊感情を高める仕掛けだということも言えます。

140

## III 段階的に「ふり返り」を指導する

「ふり返り」は，次の七つのことを授業後に書かせたり，話させたりすることで行います。

① 「授業中にどんなことがあったのか」（授業描写）
② 「そのときどう感じたり，思ったりしたのか」（感情）
③ 「自分の学びにおいて，良かったこと，良くなかったことは何か」（評価）
④ 「それによって，何を学べたのか」（価値）
⑤ 「それは，どうしてそうなったのか」（分析）
⑥ 「自分の成長が周りにどう影響したのか」「仲間の成長がどう周りに影響していたか」（影響）
⑦ 「次に同じ状況だったら」「次にしてみたいことは？」（計画）

この七つを学年や1年間の授業経営のなかで段階的に指導することで，主体性を発揮して学ぶ子どもを育てていきます。

**ポイント**
・「ふり返り」は主体性と自尊感情の高まりを生む。
・7段階の指導で，主体性を発揮させる。

＊詳細は，「ふり返りの意義と実際」（P.114）参照

# おわりに

　本書は，平成24年3月25日からはじめた「北フェスステージアップゼミ」（主催　教育研修サークル北の教育文化フェスティバル）で筆者が話してきたことを，改めて文字にして再編したものです。

　この会は，平成29年11月20日現在41回を数えます。

　開催場所は，北海道の稚内市，釧路市から沖縄県那覇市にまでまたがっています。教師の単なるスキルアップではなく，自分の教育観を見直し，資質・能力をステージアップさせることをねらって実施してきました。

　毎回，熱心な参加者に恵まれて，有意義な時間を共有しています。

　特に沖縄では，この会をきっかけとして「教育サークル南風（ぱいかじ）」が立ち上がりました。講師として，こんなに嬉しいことはありません。

　また，私はこのゼミの準備のために多くの時間を費やし，修正を加えてきました。ですから，コンテンツには自負と愛情を持ち，効果を確信しています。

　今回，そのコンテンツをまとめる機会をいただけたことは，望外の喜びです。

　この機会を与えてくださった黎明書房社長武馬久仁裕氏，ならびに若き有能な編集者伊藤大真氏に心から感謝申し上げます。

　また，共に学んでいる教育研修サークル北の教育文化フェスティバルのメンバー，上記ゼミの際に，現地事務局との打ち合わせ，調整をしてきてくれている高橋さんには，この場を借りてお礼申し上げます。

　感謝，多謝。


　　春待つ　北の大地から

　　　　　　　　　　　　　　　　　　　　　山田洋一

## 著者紹介
### 山田洋一

1969 年北海道札幌市生まれ。北海道教育大学旭川校卒業。２年間の幼稚園勤務の後，公立小学校の教員となる。自ら教育研修サークル「北の教育文化フェスティバル」を主宰し，柔軟な発想と，多彩な企画力による活発な活動が注目を集めている。
ホームページ　http://yarman.server-shared.com/

## 主な著書

『学級経営力・中学年学級担任の責任』（共編著，明治図書出版）
『発問・説明・指示を超える対話術』，『発問・説明・指示を超える技術タイプ別上達法』，『発問・説明・指示を超える説明のルール』（以上，さくら社）
『教師に元気を贈る 56 の言葉』，『子どもとつながる教師・子どもをつなげる教師　好かれる教師のワザ＆コツ 53』『気づいたら「忙しい」と言わなくなる教師のまるごと仕事術』（以上，黎明書房）
『山田洋一――エピソードで語る教師力の極意』，『小学校初任者研修プログラム 教師力を育てるトレーニング講座 30』（以上，明治図書出版）
『必ず知っておきたい！若い教師のための職員室ルール』（共編著，学陽書房）
「ミライシード」企画開発協力（ベネッセコーポレーション）

イラスト・伊東美貴

---

気づいたら「うまくいっている！」目からウロコの学級経営

| | | |
|---|---|---|
| 2018 年 3 月 1 日　初版発行 | 著　者 | 山　田　洋　一 |
| | 発行者 | 武　馬　久仁裕 |
| | 印　刷 | 株式会社太洋社 |
| | 製　本 | 株式会社太洋社 |

発　行　所　　株式会社　黎　明　書　房

〒 460-0002　名古屋市中区丸の内 3-6-27　EBS ビル
☎ 052-962-3045　FAX 052-951-9065　振替・00880-1-59001
〒 101-0047　東京連絡所・千代田区内神田 1-4-9　松苗ビル 4 階
☎ 03-3268-3470

落丁本・乱丁本はお取替します。　　ISBN978-4-654-01948-9
ⓒ Y.Yamada, 2018, Printed in Japan

山田洋一著 　　　　　　　　　　　　　　　Ａ5・144頁　1800円

## 気づいたら「忙しい」と言わなくなる**教師のまるごと仕事術**

　多忙を極める教師のために「時間管理」「即断」「環境」「人間力向上」「道具」「研鑽」「思考」について，今すぐにでも実践したい数々の技術・心構えを詳述。忙しさから解放され，仕事も充実！

山田洋一著 　　　　　　　　　　　　　　　Ａ5・125頁　1800円

## 子どもとつながる教師・子どもをつなげる教師
### 好かれる教師のワザ＆コツ 53

　授業や放課，行事など，さまざまな場面で教師と子どもの絆を深めることができる 53 の実践をイラストとともに紹介。誰でもすぐ出来ます。

山田洋一著 　　　　　　　　　　　　　　　四六・140頁　1500円

## 教師に元気を贈る 56 の言葉

　日々の困難・苦労を乗り越えるために現場教師が作った教師のための「なにもできないけれど，なんでもできる」など，56 の格言。くじけそうになったときに開いてください。きっとあなたを支える言葉が見つかります。

多賀一郎・南 惠介著 　　　　　　　　　　　四六・158頁　1800円

## きれいごと抜きのインクルーシブ教育

　クラスで問題行動をとりがちな発達障害の子の「捉え方」「受け止め方」「対応の仕方」「保護者との関係づくり」などについて，今注目の 2 人の実践家が現実に即したきれいごと抜きの解決策を提示。

多賀一郎著 　　　　　　　　　　　　　　　Ａ5・130頁　1800円

## 多賀一郎の荒れない教室の作り方
### 「5 年生 11 月問題」を乗り越える

　学級の荒れのピークである「5 年生 11 月」に焦点を当て，5 年生の荒れを考察する中で，全ての学年に通ずる「荒れ」に対する手立てや予防法，考え方を紹介。

多賀一郎著 　　　　　　　　　　　　　　　Ａ5・132頁　1800円

## 今どきの 1 年生まるごと引き受けます
### 入門期からの学級づくり，授業，保護者対応，これ 1 冊で OK

　1 年生やその保護者への関わり方を丁寧に紹介。子どもの受け止め方や授業の進め方，学級づくりや学級通信・保護者会の工夫の仕方など。

多賀一郎・山本純人・長瀬拓也著 　　　　　Ａ5・124頁　1800円

## 言葉と俳句の力で心が育つ学級づくり
### 言葉を大切にする子どもの育て方

　言葉を大切にした授業や学級は，子どもの「聞く」「伝える」「想像する」力を高めます。言葉を大切にする子どもの育て方の手順を丁寧に紹介します。

　　　　　　　　　　　　　＊表示価格は本体価格です。別途消費税がかかります。
■ ホームページでは，新刊案内など小社刊行物の詳細な情報を提供しております。
「総合目録」もダウンロードできます。　　　　　http://www.reimei-shobo.com/

中條佳記著 　　　　　　　　　　　　　　　B5・65頁　2300円
## CD-ROM 付き 授業や学級経営に活かせる
## フラッシュカードの作り方・使い方

国語・算数・理科・社会や給食指導などのフラッシュカードの作り方，使い方を紹介。印刷してすぐ使えるフラッシュカード約1300枚を収録。

中條佳記著 　　　　　　　　　　　　　　　A5・114頁　1750円
## 子どもの実感を引き出す授業の鉄板ネタ54

オーソドックススタイルの普段の授業が，がぜん分かりやすくなる強力鉄板ネタを，教育効果→準備の手順→教師が意識して使った技→子どもたちの実感をより引き出すテクニックと，誰でもすぐ実践できるよう順序立てて全教科紹介。

蔵満逸司著 　　　　　　　　　　　　　　　B5・86頁　1800円
## ワークシート付き かしこい子に育てる
## 新聞を使った授業プラン30＋学習ゲーム7

「新聞のグラフを読み取ろう」「スポーツ記事を書いてみよう」など，新聞を使った小学校の各教科の授業プランと，「新聞たほいや」などの学習ゲームを収録。

蔵満逸司著 　　　　　　　　　　　B5・86頁・オールカラー　2300円
## 教師のための iPhone & iPad 超かんたん活用術

はじめて iPhone や iPad をさわる人でも，すぐに授業や普段の教師生活に活かせるノウハウを収録！　操作説明や基本の用語，各教科の授業や特別支援教育に役立つアプリも厳選して紹介。

蔵満逸司著 　　　　　　　　　　　　　　　B5・86頁　1900円
## 特別支援教育を意識した
## 小学校の授業づくり・板書・ノート指導

ユニバーサルデザインによる学習指導のあり方を授業づくり・板書・ノート指導にわけ紹介。コピーして使える板書計画用ワークシートや漢字チェックシート付。

古川光弘著 　　　　　　　　　　　　　　　A5・124頁　1800円
## 「古川流」戦略的学級経営 学級ワンダーランド計画

学級を意外性に満ちた楽しい場にすることで，子どもたち同士の人間関係力と教師の学級掌握力を強化し，理想の学級を実現する戦略を詳述。全ての子どもがワクワクする学級ワンダーランド戦略の全て。

太田　真著 　　　　　　　　　　　　　　　A5・134頁　1800円
## 子どもたちの心・行動が「揃う」学級づくり

子どもたちの心と行動が「揃う」と学級が一つにまとまります。3つの「揃う」（物などの置き方が「揃う」，学級の○○ができるレベルが「揃う」他）にこだわった指導と，授業を行いながら学級づくりも意識した指導法を詳述。

＊表示価格は本体価格です。別途消費税がかかります。

中村健一とゆかいな仲間たち著 　　　　　　　　　　Ｂ６・98頁　1300円

## もっと笑う！　教師の２日目

教師のための携帯ブックス㉑　教師が上の階から子どもたちに行う「天使のあいさつ」，掃除の時間に，子どもの耳元でささやく「デビル吉田のささやき」など，朝から帰りまで１日目よりももっと笑えるネタ80。

中村健一とゆかいな仲間たち著 　　　　　　　　　　Ｂ６・96頁　1300円

## 笑う！ 教師の１日

教師のための携帯ブックス⑳　朝イチから帰りまで，授業中もちょっとした隙間時間や休み時間にも，給食や掃除の時間にも笑う，子どもたちも教師も笑顔になる77のネタ！　笑いのある教室にすることは学級崩壊の予防にもなります。

中村健一編著　河内教員サークルSOYA協力 　　　　Ｂ６・101頁　1300円

## ホメる！　教師の１日

教師のための携帯ブックス⑲　朝の会から帰りの会・放課後まで，事あるごとにホメまくり，子どもたち・クラス・授業をどんどん素晴らしくする78のネタを公開。子どもも先生もハッピーにする，教育効果バツグンのほめまくり術！

中村健一編著　教師サークル「ほっとタイム」協力 　　Ｂ６・102頁　1300円

## デキる！　教師の１日

教師のための携帯ブックス⑱　「朝起きてから，学校に着くまで」～「帰りの会・放課後」「学級事務」まで，１日の流れに沿って，仕事の能率を一挙に上げる方法を紹介。楽して成果を上げる80のワザとネタであなたもデキる教師に！

中村健一著 　　　　　　　　　　　　　Ｂ５・62頁・２色刷　1660円

## つまらない普通の授業をおもしろくする！
## 小ワザ＆ミニゲーム集 BEST57+α

おもしろみのない普通の授業をちょっとしたワザとゲームで盛り上げおもしろくするネタを57紹介。子どもたちが授業にのってこないときでも集中できます。

中村健一著 　　　　　　　　　　　　　Ｂ５・62頁・２色刷　1650円

## クラスを「つなげる」ミニゲーム集 BEST55+α

クラスをたちまち１つにし，先生の指示に従うこと，ルールを守ることを子どもたちに学ばせる，最高に楽しくておもしろい，今どきの子どもたちに大好評のゲーム55種を厳選。

中村健一編著 　　　　　　　　　　　　　　Ｂ５・87頁　1900円

## 担任必携！　学級づくり作戦ノート

学級づくりを成功させるポイントは最初の１ヵ月！　例を見て書き込むだけで，最初の１ヵ月を必ず成功させる作戦が誰でも立てられます。作戦ノートさえあれば，学級担任のつくりたいクラスにすることができます。

＊表示価格は本体価格です。別途消費税がかかります。